施剑翘传

民国第一侠女

范黎 著

中国华侨出版社

序言

当时光与民国碰撞，每一个角落，都是惊心动魄的故事。

1935年11月13日，天津的居士林佛堂佛香浮动，禅音袅袅。一位和尚正在虔诚地念诵着佛号，可突然一声枪响，炸开了宁静的时光。

在那个大多数人来不及反应的瞬间，一只纤细的手举起手枪，迅速扣动扳机。子弹从后方击中了和尚的头部，手的主人当即又在致命处连补两枪。

惊呼声中，和尚血溅佛堂，当场身亡。

众目睽睽下，这件枪杀案震惊了当时整个中国社会。因为这位被杀的和尚，是连蒋介石都惧怕三分、称雄东南的军阀孙传芳。而杀他的人，竟然是一个貌似手无缚鸡之力的女子。她是谁？她与一代大军阀有何深仇大恨？在溅满佛堂的血色里究竟隐藏着什么样的幕后故事？

在民国时代里，但凡提及女子时，笔调大都温柔了许多。精致的旗袍、浪漫的故事、优雅的身姿、时髦的生活……这位名叫施谷兰的民国女子，本该同样如此。

出身军人家庭的施谷兰，正如她的名字一样，像一支深居闺阁的空谷幽兰，黯然芬芳，从小就有先生教书识字，闲时写写诗文，是父亲宠爱的公主，一直过着宁静而美好的生活。

但那一切都是20岁前的故事了。

她平静的人生步调遭遇了一个急转弯：大军阀孙传芳残忍地杀害了她的父亲施从滨，并在城头暴尸3天，不准家人收尸。

杀父之仇啃噬着这位小脚女人的心，终于，她咬紧牙关，开启了坎坷的复仇之旅。

最初，失去一切的她，也曾无助地将复仇的希望寄托在自己的兄弟和丈夫身上。但时间会冲刷记忆，麻木会腐蚀决心。只有她，将那墓碑前的誓言深深镌刻于心。于是，她决然转身，把空谷幽兰化身锋刃的剑，不再寄望于他人。

十年的复仇计划，并不像影视剧那般明快而短暂，而是充满着难以言说的绝望和痛苦。最终的三声枪响，成全了所有的苦难，也释放了所有怨怼。复仇女神，终于得偿所愿。

当仇恨散去，施剑翘的余生，开始向着光明前行。她积极地支持着抗日活动，散尽资财，奔走呼吁，短短几个月时间里，三架崭新的战斗飞机就被交到空军部队，引起了全国轰动。她创办学校，亲任校长，收纳贫民子弟、孤儿和流浪儿……

在父亲去世的21周年忌日，施剑翘来到灵岩寺做佛事。历经沧桑，她收起了锋利的韧，自此皈依佛门。

关于她的一桩桩、一件件故事，都是传奇，这只言片语又怎能说得尽。那些更加动人心弦的精彩，穿行在她跌宕起伏的人生，等你品鉴。

目录
Contents

第一章
逆光·十年光景恍如梦

003　居士林的佛号与血光
007　闺阁里的空谷幽兰
011　16岁的女诗人
016　一种不祥的预感

第二章
急转·当残忍撕裂了生活

027　极致的痛苦捶打命运
033　报仇与脆弱交缠
038　墓碑前被风吹走的誓言
044　失望该用什么去填满

目录
Contents

第三章
婚姻·点亮最后一次期盼

053　开始一段崭新的寄托
058　美满的内心是遗憾
063　最后一次质问
068　寂灭的空谷幽兰

第四章
蜕变·以痛淬炼，拔剑问青天

077　浴火重生，剑已出鞘
085　暗夜里的寂寞光明
092　路，那么远
100　一支勃朗宁手枪

第五章
佛堂·为父报仇的血色救赎

109　高墙外的失落目光
116　佛堂里的意外惊喜
124　紧锣密鼓的筹划
133　十年后，三声枪响

目录
Contents

第六章
法庭·仇云散去，寂静救赎

145　民国报刊的新闻头条
153　不是鱼死，就是网破
160　判决书后的各方动作
169　高墙里的火焰

第七章
重生·向着光芒生长

181　盛名之下
189　11 个月后，寻找另一个自己
196　与千千万万人站在一起

第八章
奔走·生活的另一番模样

207　和煦春风暖心境
215　大鱼不在此滩留
222　从云小学的点滴故事
228　上海筹款，遇见一次特殊任务

目录
Contents

第九章
传奇·历史深处的鲜艳记忆

235　奔马永远向前
242　尘埃落定，最后的心愿
248　猝不及防的别离
253　请撕下"报仇"的标签

259　后记

第一章
逆光·
十年光景恍如梦

居士林的佛号与血光

关于民国女子的传奇,大都惊艳旖旎,却有一人,披覆侠气,在芬芳的名册上,遗世独立。

20岁前,她只是一个军人家庭里的寻常儿女,待字闺中,温柔懂事……

20岁后,她的生活发生巨变。她投身沉默与痛苦,整整十年。

直到那一桩案子,震惊了整个中国,这位寻常女子的传奇进入了大众视野,几十年后依旧令人心潮澎湃。

史册上清晰地刻录着那个日子。1935年的11月13日,正是居士林佛堂讲经的日子,靳云鹏和孙传芳都应该到这里来诵经。

这天的天气格外阴冷,萧瑟的寒风裹着冷雨,街上行人也稀稀落落。

孙家气派的府院里,主人孙传芳一直练习书法,享受着宁静的时光。午饭后,他依约去居士林听经诵经。

夫人关切地劝他,下雨就不要去了。他习惯了这样关切的唠叨,但还是拒绝了夫人。

但孙传芳并不知道,另一个女人,也同样记挂着他的行程,一直在等待着他来到居士林。这个女人,便是施剑翘。

尽管她足足记挂了他十年，但他从不知晓。

这十年的等待，即将迎来高潮，也即将走向结局。

可惜，这并不是一个浪漫的故事。

雨从清晨下起，到中午都没有停。这让施剑翘本就紧张的心，又慌乱起来。她试探着给天津居士林打了两个电话，都没有打通。她叹息着断定，这一次行动，或许又将落空。

十年的等待，凌迟着她的心，让她感到疲惫。她不知道，错过了这次机会，还要再等多久？她不敢去想，又忍不住想。

她很不甘心，便决心到居士林看一看，可来到居士林后，竟在诵经的人群中发现了孙传芳的身影。

虽然没有见过他几次，但她早已把他的眉眼烙在了心底。

当他真的近在咫尺时，施剑翘发现自己竟然没有带着想要带的东西。

雨一直下个不停，他的出现更让她万分焦灼。短暂思量后，她匆匆出门乘车回家拿了"那个东西"，又回到了居士林，坐回原来的地方。

十年恩怨，恍如隔世。施剑翘终于在这个佛教圣地居士林，找到了机会，准备开始她的行动。

虽然筹划了许久，可当这一刻真的到来时，她还是紧张得发抖。

孙传芳坐的位置虽然离她不远，却有一些人围绕着他。施剑翘非常谨慎，她怕离得太远开枪打不中，而如果一击不中，便是要功亏一篑了。

11月份的天津很冷，居士林佛堂内也同样如此。为了取暖，僧人们便在讲经的人群中央摆了一盆火。正在施剑翘思虑不安的时候,身边的一个居士问她,怎么不认真听经文。施剑翘借机说自己离火盆太近,热得难受,转身挪到了孙传芳后面的空位上。

坐到了他的右后方,她迅速从大衣口袋里掏出了从家里取来的一支勃朗宁手枪,毫不犹豫地扣动了扳机。

一声枪响,炸开了宁静的时光。随后,施剑翘又在致命处连补两枪。正在诵经的孙传芳血溅佛堂,当场身亡。

伴随着现场的混乱与慌张,施剑翘将提前写好的60多张《告国人书》四处散发。在宣传页上,她详细地说明了替父报仇的原因,以及孙传芳的罪恶行径。擅长诗词的她还在传单上赋诗一首,以表心愿。

"父仇未敢片时忘,更痛萱堂两鬓霜。
纵怕重伤慈母意,时机不许再延长。
不堪回首十年前,物自依然景自迁。
常到林中非拜佛,剑翘求死不求仙。"

宣传单下方,是她的署名"报仇女施剑翘",字旁还有她鲜红而刺目的手印。

一心复仇的施剑翘不光是作好了万全的准备,更是将生死置之度外。

而随着命案发生,一团团迷雾引发了人们的好奇与猜想。

是怎样的经历,让她在心底埋藏了如此深重的仇怨?

在漫长的复仇时光里,这个曾经裹着小脚的柔弱女子是如何历练成一个震惊时代的女刺客？

在命案震惊了整个社会之后，施剑翘又将面对着怎样的结局……

谜团层层浮起，若要知这事情原委，一切要从开始处说起。

这一段属于施剑翘的故事，曲折而精彩，必将时时处处，牵动心绪。

闺阁里的空谷幽兰

20世纪20年代的中国,凌霜遍地、疾风劲吹,处于一片血与火交织的混乱之中。辛亥革命好不容易将帝国推翻,诞生了青涩民国,可是一晃十余年过去,大帅们拥着娇妻美妾、指挥着千军万马、为着银元和地盘杀得地动山摇,依然是南北政权分立,军阀混战不停。中国政局日益糜烂,神州大地可谓天灾人祸。

这也是一个几乎人人都身不由己的时代,百姓民不聊生,权贵官宦也依然挣扎于乱世的旋涡。螳螂捕蝉,黄雀在后,今天你杀我、明日我杀你,你有你的靠山、我有我的司令,能保得一时的平安,便是一时的平安。

此时,时任奉系第二军军长、前敌总指挥的施从滨将军家里,还是一片其乐融融。济南城外面的狂风骤雨被这个家的顶梁柱施从滨牢牢挡在了臂膀之外,一时半会儿打不进这片温馨的天地。

施从滨是安徽桐城人,15岁投清廷吴长庆的北洋部队,后入袁世凯北洋新军,宣统元年(1909年)授陆军少将加中将衔。他是在讲武堂毕业的,之后便一直在山东任职,施从滨胆识过人、善于打险仗,往往出其不意地克敌制胜,颇得上司赏识,可以说是山东军事力量的一块基石。

张宗昌的奉系军阀势力进入山东后，对施从滨百般拉拢，甚是器重，但施从滨对张宗昌却是不太看得上眼，曾不止一次提出离职的请求。张宗昌自然不甘心，一方面想这等良将岂能放过，另一方面若不为己用，一大损失尚且好说，一旦为他人所用或倒戈相向，岂不是纵虎归山？

因此，张宗昌每每将离职之事四两拨千斤地糊弄过去，绝不将此良将轻易放走。

"爹爹是正经的军人，文韬武略、军纪严明，张大帅呢？是土匪出身，怎么说都不光彩。讲道义的军人，与不讲道义的土匪，怎么能说到一起去呢？"施从滨再一次忍不住为此长吁短叹的时候，他的长女施谷兰静静地沉默半晌，忽然出声——在这个家里，最懂施从滨的不是别人，而是他的这个女儿，施谷兰。

"莫要乱说！"施从滨连忙严厉地制止了这个"胆大妄为"的女儿，心里却忍不住又惊又喜，又喜又忧——张宗昌土匪出身，不讲道义，且排斥异己、任人唯亲，动辄翻脸不认人，这样的人，确实是不可长期共事的。也正因如此，施从滨才不止一次想要离职，远远离开这个要人命的旋涡。

此时，一名闺中少女竟一语道破他所思所想，施从滨喜的是她的智慧、她的眼光和胆识，真不愧是他施从滨的女儿、将门虎女；忧的是，这样的眼光与胆识，却不是一个待字闺中的姑娘家、一名大家闺秀、一位千金小姐所应该拥有的。

在这样的乱世，男人尚且无力自主自己的命运、朝不保夕，更别说是女儿家了。施从滨只希望女儿做一名柔顺的闺阁千金，日后嫁得良人，一生平安顺遂，操持内务、相夫教子；远离这纷纷扰扰、风云动荡。因此，施从滨家规一向十分严格，不允许家眷过问政事。

然而，若不是因为这个女儿的与众不同，他又怎会对她格外地钟爱？

施从滨戎马半生，自认国难未已、壮志难酬，最大的收获就是拥有了一个美好的家庭。他的妻子董氏是个温柔贤淑的妇人，跟着丈夫提心吊胆了半辈子，只求丈夫能安度晚年，一家人团圆和睦，共享天伦；五个儿女更是个个聪明可爱，中杰、中桀、中达兄弟虎头虎脑，谷兰、纫兰姐妹灵秀美丽。

施从滨绝无男尊女卑的陈旧思想，这五个儿女中，长女施谷兰最得他钟爱。也许是第一个孩子的诞生最令父母难忘，后边几个孩子先后降世带来的喜悦，都不能冲淡长女谷兰诞生时留下的幸福记忆。那个时候施从滨已年近四旬，喜得千金，狂喜之中简直把一名虎将应有的严肃内敛抛在脑后，抱着小襁褓，看着小谷兰精致的小小手脚，他像世界上一切慈爱的父亲一样，暗暗发誓要将世界上最好的一切都奉献在这掌上明珠的面前。

谷兰越长越大，任谁见了她，都不得不承认她得天独厚的美丽。也许得益于父亲的基因，她俊眼修眉、顾盼神飞，江南少女的柔美之中独有一份难得的俊爽；更难得的是她深明大义、沉稳持重，身为将门千金，身上却绝无一丝一毫的骄纵之气。她一如自己的名字，像一株空谷幽兰，清雅绝俗、坚韧不拔，散发着独一无二的清香。

施谷兰聪慧无比，小时候与堂兄施中诚共同受教于私塾先生，先生见她年幼可爱，让她两天背一课书，而施中诚则一天一课书。谷兰不服气，硬要和堂兄背得一样多，背不下来便不吃饭，一直到背会为止。她天资聪颖，小小年纪便博览群书，她的老师、施从滨的朋友、下属凡是见到她的，无一不赞叹一句"女才子"；每每听到大家对女儿的赞叹，施从滨都掩不去脸上的笑意。

而就在谷兰小小女子才名远播之时，她却毅然辍学回家，这又是为什么？

"母亲体弱，我来接替母亲，难道不是理所应当的吗？"——母亲董氏体弱，加上年纪渐老，已渐渐不能操持一家事务；而父亲在外为一家老小奔波劳碌，下边几个弟妹尚且年幼，这一家生计谁来打点？13岁的施谷兰便接过母亲手中的账簿，接过了一家老小的活计，成了"施府总管"。

起初没有人对这名少女的决心多么重视，无非看在她一片孝心的分上，觉得让她试试也无妨；毕竟一家上上下下几十口，开支进项、往来走动、吃喝穿戴……稍微想想便觉得令人头疼，一名十三四岁的少女，又如何管得了这烦琐复杂的庞大内务？然而几个月过去了，她用比她的母亲还要稳重老成的风度、有条不紊的手段与聪明强干的智慧征服了所有人。

乱世的风云在施府外盘旋、呼啸着，渐逼渐近。而这株空谷幽兰，在闺阁之中也日渐长成，香远益清。

 16 岁的女诗人

  曾经有人这样形容施谷兰——如果说造物主总是喜欢偷工减料，故而生产出世间众多的气相平庸之人，那谷兰就是这造物主难得不打哈欠、不打瞌睡、不打马虎眼的精心之作，比众多被其敷衍了事的作品啊，不知道好了多少倍。"世间有非常之人，然后有非常之事；有非常之事，然后有非常之功。"这句话用来形容施谷兰，真是再合适不过了。

  在施从滨的眼里，施谷兰从小就与众不同。在孩子还是个小女娃的时候，就表现出一般女孩子没有的爽朗的个性。作为一名将门虎女，她从三四岁起，就学会了独立一个人在院子里玩。不要什么丫头婆子跟着守着，也不喜欢去玩些女孩子们喜欢的簪花斗草的小游戏。她总是用筷子当马刀兵器，用泥捏一个大房子当臆想中"敌人的老巢"；她常常挥舞着马刀，从院子的一头冲向另一头，兴高采烈地冲上"战场"，把那"老巢"捣得粉碎。

  有一次，小谷兰的母亲董氏看到自己女儿在院子里喊打喊杀，这位温柔贤淑的老派女性气得差点昏过去，不但好好教训了小谷兰一顿，晚上还跟自己丈夫抱怨说："这样下去可怎么办好？天天喊打喊杀的，跟你一个性子，长大了可是要嫁不出去的。"

施从滨却笑呵呵地回答:"这不挺好吗,你放心,我们谷兰这么聪明伶俐,小时候顽皮一些没关系,长大了就慢慢好了。再说了,嫁不出去我就养她一辈子。"董氏气得直笑着叹气:"你就是太宠爱她了,把她宠得没有一点女孩儿的样子!"

事实上,同样爱女心切的董氏是多虑了。小谷兰不是一般顽皮跳脱的孩子,她动静皆宜,冰雪聪明。施从滨闲暇时会与时常来家中探望他的亲信下属对弈,小谷兰这时候便往往安静地在一旁围观。偶尔小谷兰会问一句:"为什么要走这个子呢?"施从滨也不把她当小孩子看待,而是细细为她讲解。

这样的场景常常让这些陪施从滨下棋的下属啧啧称奇,但日子久了,谷兰经常有此惊人之举,大家也见怪不怪了。直到有一天,小谷兰"例行"围观时,施从滨与下属的厮杀陷入僵局,二人皆苦苦思索,施从滨看着身边的小谷兰也皱着小眉头一本正经苦思冥想的样子,好笑地逗她:"来,谷兰,你看看爹爹这步棋该怎么走?"

小谷兰可是很严肃的,没有开玩笑的意思。只见她眉目沉静地思考片刻,接着附在父亲耳边轻轻说几句,施从滨眼睛一亮,抬手下了一子,顿时局面扭转胜负。施从滨的下属惊讶地看着这小姑娘,连连举起大拇指,称赞"虎父无犬子"。施从滨也又惊又喜,而更令他惊喜的是,面对对方的赞誉,年方十二三岁的小谷兰并不狂喜,只是微笑着,有点害羞地说:"观棋不语真君子,是谷兰逾矩了。父亲,叔叔,你们大人有大量,不要见怪。"

谷兰又是个勇于尝试新事物、从不拘泥陈规旧俗的姑娘,看到别人做了什么新鲜事,她总忍不住自己也跃跃欲试一番。1919

年，小谷兰长到十五六岁，正是爱美的年纪。有一天，她上街采购物品，看到了那些新潮学生们的新打扮，回到家便把弟妹统统赶出卧房，自己关上门也精心打扮起来。她将一套旧衣裙翻出来，把肥筒子改成细掐腰，底襟的方边改成圆边，在裙子上缀一圈绦子，又将拖在背后的又黑又亮的大辫子左右盘旋盘成个"S"形。然后她蹑手蹑脚走出房门，一看客厅没人，就得意扬扬地迈起了方步。

恰巧施从滨这个时候外出回来推开大厅的格子门，谷兰猛然一抬头看到父亲，羞得满脸通红地跑了出去。施从滨对妻子说起这个事，又是啼笑皆非，又是感慨良深："咱们的这位大小姐，想要做什么事就一定要做成的，她想要翻天，也是能把天翻了的。如此非同一般，真该管得严一些。"

施从滨是一名军人，但同时也很有儒将的风采。他喜欢儒家文化，也以儒家经典教育子女。他常常教导谷兰与其他几个子女说："汝等存心立志，须能爱民爱物，勿怠惰，勿骄奢，应克己而益群，毋损人而利己，勤劳俭朴，乃人生之美德，汝等其永记之。"

施从滨非常重视对子女的文学素养与品格教育，因此一如前文所述，谷兰早早就与堂兄施中诚一起在家庭私塾接受儒家典籍与古典文学的熏陶。除了坚毅的品格，她还表现出了过人的才华。她喜爱兰花，她的闺房与施府庭院里常常被她布置上各色兰花。兰花为花中君子，超凡脱俗、幽居深谷、不争名利，尤为高洁之士所喜爱，也独得谷兰钟爱。谷兰，谷兰，空谷幽兰，这个名字又何尝不是施从滨对女儿美好品格与美好人生的希望与寄托？也许是父亲的祝福与期许，也许是常年传统文化的浸染，谷兰极爱国画，自己也颇具绘画天分，尤爱画兰。因此，千姿百态的空谷幽兰便常常绽放在她的笔下，她画的兰花一如其人，清雅淡远之中自带风骨，卓尔不群。

得益于良好的家教，谷兰对古典文学拥有浓厚的兴趣。又爱诗又爱兰，她最爱吟诵的便是李白的那首《小幽山》——幽兰香风远，雅桂甜雨近。蕙草流芳根，枯藤缺华叶。欲寻千嶂壑，想知百思解。直下水流深，突上人缺真。深闺月洞窗，谷兰常常临窗而立，挥毫泼墨，吟诵着这首诗，在月下描绘出自己心目中的绝世幽兰来。兰花香气虽不浓郁，但却可以随风传播很远。蕙草虽然凋谢，却能留下芳香的根。本质优秀，却不张扬，兰花就是这样将自己的芳香深深敛藏。

谷兰16岁那年，收到了一份来自父亲的独特礼物——一盆难得的野兰。施从滨知道女儿爱兰，便亲自从花舍匠人手中购得这盆野兰送给女儿。

16岁的谷兰已经是一位美丽的大姑娘了。这个世界上，美人很多，然而也不乏呆美人、木美人；而谷兰是不一样的，她又美丽又俊朗，一如她的名字，在普通的女孩子中间如兰生菁芜，自是超群。施从滨对女儿又骄傲，又忧心。骄傲的是有女如此，哪个父亲不老怀甚慰？忧的是，这样优秀的女儿，以后什么样的男子可以配得上？他也不舍得将女儿早早嫁出去呀。

谷兰对父亲的纠结心思一无所知，她正对着这份正投她所好的礼物欣喜不已。谷兰是沉稳的女孩子，年纪越长，便越光华内敛，此时却难掩惊喜地连连向父亲道谢。施从滨笑呵呵对宝贝女儿说道："你若真喜欢，就为它作一幅画，写一首诗吧。"

谷兰欣然应允，她摆好纸笔，一挥而就，不多时，一幅栩栩如生、灵气四溢的空谷幽兰便展现在众人眼前。然后她沉思片刻，挥毫泼墨，在画上写下一首诗——

　　深谷芳兰一枝春，攀绝高崖凌碧空。
　　纵有红花漫四野，岂无绿草染前峰。
　　繁枝不怕春色浅，根茂何愁冬土深。
　　生就山中一根草，只怕孤芳不惜春。

诗名题为《谷兰》。

诗言志，人们喜欢从文人墨客的作品里挖掘一些内涵，对谷兰也不例外。知人论世，我们纵观谷兰的一生，发现这首以她自己的名字命名的诗作在她的人生中有着独特的地位，更像一种神秘的谶语。锦心绣口的诗句里，虽然稚嫩，也透露着某种早熟的老练与自信。凌碧空的坚强，不惜春的孤傲，与这名奇女子后来的人生似乎一脉相承。当然了，后世当她爆得大名的时候，她已经不叫"施谷兰"，而是另一个更响亮的名字——施剑翘。

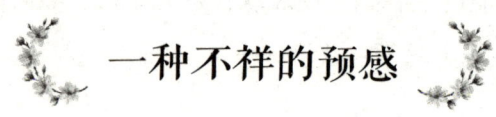

一种不祥的预感

时光就在乱世的风云里飞逝。

一年又一年,政局日紧,战事渐急,这些年施府在施从滨与张宗昌的百般周旋之下得以保全安宁,似乎也显得摇摇欲坠。

在北半部的中国,自从袁世凯去世后,北洋军阀分裂成直、皖、奉三派。1920年,直系的曹锟、吴佩孚推倒了皖系的段祺瑞,1922年,直奉战争爆发。战争的结果,直系大获全胜,总统黎元洪被驱逐,曹锟以五千元一票的价格收买国会议员,成为中国第一位贿选总统。

两年过后,形势又发生了些许变化,直系叛将冯玉祥与奉系张作霖及段祺瑞、孙传芳等合作,并取得了孙中山的支持,发动北京政变,囚禁了贿选总统曹锟,把临时执政段祺瑞推上台。北京政变成为张作霖势力扩张的极好机会,同时东北军源源不断入关,奉系将领张宗昌当了山东军务督办,李景林接手直隶军务督办,杨宇霆擢升江苏军务督办,姜登选荣任安徽军务督办。这就直接威胁了刚在江浙战争中获胜的孙传芳的势力。1925年10月,孙传芳组织起浙、闽、苏、皖、赣五省联军,自称联帅,北上抗奉。

山东军务帮办施从滨,参加的就是这一场大战。

这一年，施谷兰20岁。

这一年，血色大幕正式开启，谷兰的人生在历史舞台上登场。

在这一场大战之前，施从滨本来是要辞职卸甲归田的。

1925年11月，直系与奉系之间再度大动干戈。以双方实力而论，可谓相去甚远。孙传芳率领的直系大军堪称一支能征善战的虎狼之师，兵力上也占压倒性优势；孙部盘踞的江浙一带粮秣富足，给养充裕，孙传芳本人训练士兵也相当严格。孙部军纪严明，在五省联军中算是一股颇有声望的军事力量。而"狗肉将军"张宗昌所率领的奉系大军多半是七拼八凑的乌合之众，内部分裂，矛盾重重。张宗昌本是绿林出身，他所统率的士兵，几乎毫不例外地沾染了一身匪气，行军路上往往烧杀抢掠无所不为，战区内的老百姓被横征暴虐，遭了大殃。张宗昌对此却满不在乎，反而扬扬得意地"鼓励"下属："只要你们能替老子打仗，怎么干都行，出了事老子给你们顶着！"

就是这样的作风，让施从滨在奉系势力中显得格格不入。

施从滨是一名有情怀的正规军人。

可是纵观施从滨这戎马一生，为这个国家和故乡的乡亲又做了什么？

他什么都没有做。作为一名身不由己的军人，他反而在命令之下带兵蹂躏国土、残害乡亲；哪个带兵的将军，皮带扣上没有扣着一串冤魂？他这一生所得，除了这五个儿女安慰一颗老心，竟再无其他了。

如今的施从滨已经到60岁的花甲之年。壮心渐渐消磨，越发觉得与张宗昌一派是两路人。但因为他在山东军事的重要性，他屡次三番请辞，张宗昌这个外粗内精的军阀头子每每打哈哈给他含糊过去，坚决不允。

而这一次，施从滨又写了一封辞职信交给张宗昌不久，张宗昌居然派人把他请到了督办府，说有要事相商。他自己也老早就站在大门外降阶迎接，等施从滨一到，他便一边拱手一边直着嗓子喊道："施大哥，施大哥啊，小弟先给你道喜！"

施从滨一怔，喜从何来呢？这厢张宗昌指使着佣人上茶，笑呵呵道："段大帅委任你为前敌总司令，要借大哥你的虎威，好好收拾一下孙传芳！荣华富贵，加官晋爵，这可不是大喜啊？"

施从滨心中无奈苦笑，意料之中啊。不榨干自己最后的价值，张宗昌不会善罢甘休。

但他并不想放弃。施从滨迟疑片刻，道："孙传芳上蔑政府，下残百姓，自然是罪不容诛。但我年已六旬，恐怕无论体力脑力，均难以担此大任啊。督办，前些日子我交给您的辞呈……"

"行了，行了，老哥啊，你的心思我都知道。"张宗昌跷着腿往背靠上一摊，眼睛里精光一闪，嘴里却懒洋洋道："最后一次，老哥你只要给大帅立了这个功，到时候加官晋爵，还是归隐田园，老哥你说了算，怎么样？"

话说到这分上，施从滨还能说什么呢？

军人生涯几十年，早已养成了服从命令的习惯。军令大如山，纵使心中有万般不愿，但是抗命总不是他愿意做的事情。他心中如明镜，此战胜了，功劳是大帅的，失手了，后果则要自己承担。

可是事已至此，只好点头应允。他侥幸心想，但愿这是最后一次出征。只要打赢回来，就可以解甲归田、一家团聚，共享天伦。

想到这里，他对张宗昌道："请督办现将辞呈收下吧，这一仗我打，结束后请允许我告老还乡。"

张宗昌看到施从滨认真的神情，不由得仰天大笑。

"兄弟的话很痛快，果然是舞枪弄棒的。没问题，我可以按照你说的办。只要可以将孙传芳痛击，我承诺你，一定在大帅面前力荐，让你在老家安徽做安徽督办。也算是遂了你的心愿，金盆洗手，告老还乡了。"

说着，张宗昌开始得意忘形，摆出一副不正经的嘴脸。他承诺施从滨，到时候一定多找几个姨太太，送到安徽去服侍他。女人多了，生活才有意思。

施从滨听了心中不悦，也不认同张宗昌胡来的这一套。但是思前想后，控制着没有完全表现出来。

张宗昌的私生活是出了名地混乱，在北洋军阀当中，最花心好色的就属他。他有个广为人知的外号，叫"三不知"。也就是不知道手下有多少兵，不知道口袋里有多少钱，不知道家里有多少个姨太太。他甚至经常将姨太太们送给部下，完全不拿女人当回事。

所以，当他对施从滨滔滔不绝谈起女人时，施从滨心里暗自叹了口气……

施从滨对自身是有要求的，起码在私生活上，他完全不认同这一套，但也只得在心里暗自鄙视。论年龄，他比张宗昌年长，倒是可以出言反驳。但是仔细一想，张宗昌如此气焰，也是仗着大帅张作霖的势力。他的性格又很难缠，滚刀肉般软硬不吃。类似这种无关紧要的话题，还是不要给他借题发挥的余地了。于是将到了嘴边的话全部咽了回去。掏出辞呈递上去。

  1925年的11月，施从滨接受军令，辞别了妻女，以前敌总指挥兼四十七混成旅旅长的名义，带领鲁军，直下安徽。张宗昌也率领奉军和招收的白俄士兵，从济南沿津浦线向南推进，与施从滨部遥相呼应。

  谷兰在十五六岁懂事之后，常常为父亲担心。在谷兰眼里，父亲哪里是威风凛凛的大将军？明明是一位殚精竭虑周旋在杀伐阵里的"领头羊"啊。这年月的军队，恨不得分成百八十个派系，争钱，争地，争粮，争权，一会儿这两家打仗，一会儿那两家争斗。身为军人，又何尝不是别人手中的刀，进有进的苦，退有退的难，生死一线，都是常事。

  更何况，这一次出征，似乎与往常格外不同。

  从当日施从滨自督办府回来，整个施府便笼罩在一片愁云惨雾当中。施从滨一反往日严肃但精神的状态，常常独自长吁短叹。谷兰看在眼里，急在心上，但她却什么都不能说。这个敏感的女孩子知道，这个时候，最不能做的就是再加重父亲的精神负担。

  出征前的一夜，整个施府灯火通明，董氏不发一言，只是不断地一遍一遍检查丈夫的行装。作为军人的妻子，董氏提心吊胆地过了一辈子，与丈夫相守半生，眼见两人渐生华发，她多么希望可以从此平静度过余生，希望丈夫可以回归家庭。但是，此时知道丈夫又要出征，不由得心悬了起来。

  平日在家里，施从滨规定亲眷不允许评论政事，可是这次，董氏却忍不住对丈夫唠叨，"从滨，你已经在战场上打拼半生，为何不让自己歇一歇，也好让我们放心。都说'春秋无义战'，打来打去的，对谁也没有好处，不是吗？"

施从滨叹息，摇头。其实，妻子的心思他怎么不懂得，解甲归田他又何尝不想。对于战争，他经历过太多，深深懂得，苦的是百姓，打打杀杀的事他也早已心生厌倦。董氏见丈夫欲言又止的表情，也深知丈夫内心不悦。只得轻轻叹息，转身在香炉前燃起三炷香，恭敬地祈祷了一番，希望一切能够平安顺遂。

施谷兰带着四个弟妹，悄悄来到大厅，在施从滨身边默默围坐一圈。五双稚气而清澈的眼睛，就这样充满担忧地凝视着施从滨已经苍老的面孔。

谷兰更是默然无声地坐着，心里乱糟糟的。近日家里的气氛太沉重，似乎往日的欢乐与美好都在渐渐远去。她顺手接过母亲手里的活计，低头为父亲收拾行装。

"谷兰，中杰，你们几个，"施从滨长叹一口气，打破了几乎凝固的气氛："尤其是谷兰，我走之后，你要好好孝敬母亲，爱护弟弟妹妹，你母亲的身体不好，这一大家子的琐事，以后就交给你了。"

施从滨一向疼爱女儿谷兰。这位在战场上如狼似虎的硬汉，在女儿面前却总是极其温柔的。在那一刻，他忽然想起了谷兰出生的时候，年近40岁的他，按捺不住内心的喜悦冲进卧室，看着那个小小的婴孩，笨拙得不知所措，直到上上下下，看了一遍又一遍。生命的奇妙让他感到不可思议，那个小小的孩子，身体里流的是他的血液，同时心里充满感动。

"你们几个一定要记住，不要骄奢淫逸，切记勤能补拙。还记得当年我镇守曹州的时候，在民风彪悍的压力之下，我没有广开杀戮，而是开了草帽厂，收养无家可归的流民，教会他们技艺，让他们可以养活自己。爹爹在战场上摸爬滚打多年，没有大成就，但也不差。虽然说并未给你们留下万贯家财，房屋田地，但是应该留下一些家风，让你们恪守。我是穷苦出身，从小到大没少挨欺负，所以我努力奋斗，不想让家人子女再走回头路。但是你们也一定要记得，不要瞧不起穷人。身处富贵，更要有风度。"

"爹爹，别说了。"谷兰眼圈渐渐红了。这话听得她心里一阵阵抽紧，像压了一块石头一样喘不过气来。今天的父亲言语很奇怪，她不爱听这样的话，好像……好像……要交代什么一样。

"傻丫头。"施从滨看着女儿眼睛里的泪光，心里也是阵阵发紧，但心里越是沉重，说出来的话就越轻快："孩子啊，你们的爹爹我打了这么些年的仗，官做得不小，财产却没有留下太多，只是尽心教你们做人的道理，期望你们以后能依靠自己的双手活出一番人样来。你们都是好孩子，也都没让爹爹我失望。其他的孩子我都放心，就是谷兰你，你是个女儿家，却有几分男子的豪爽倔强；这些性格爹爹十分喜欢，但你终究是个女儿身，爹爹再舍不得，也总有一天要把你嫁出去的。以后你上奉公婆，相夫教子，一定要收敛性情，做个温柔贤淑的贤妻良母才行啊！这样爹爹才能放心……"

"爹爹！"谷兰再俊爽，也是个深闺少女，脸顿时红了。

"好了好了，爹爹不说了。"施从滨哈哈大笑道，"等爹爹回来，给我宝贝女儿挑个好女婿！"

施从滨望着女儿的脸庞，心中一阵酸涩。其实，他知道有一件事谷兰心里不舒服。妻子身体不好，家里孩子又多，所以不得已停了谷兰的学。他心中认为或许"女子无才便是德",谷兰的性格本就执拗,还是再传统些好,女儿家就是要柔软一些,这样将来嫁出去,到了夫家,才可以侍奉公婆,讨得丈夫欢心。

又是一阵欢笑,大厅沉重的气氛似乎渐渐冲淡了。然而谷兰脸上挂着笑意,看着眼前这和和美美的一家——严肃而慈爱的父亲、温柔的母亲、稚气可爱的弟妹,心却在渐渐下沉。

她看得出父亲眼睛里的沉重,听得到他心里的叹息。作为施府的千金小姐,她虽然不懂你来我往的打仗,但对这样的氛围却是敏感的。她不喜欢这样,她不在乎爹爹为了谁去打仗、为什么要去打仗、去哪里打仗,在这一刻,她只希望爹爹能平安归来。

夜深人静了。白天喧嚣无比的施府也沉静了下来,一如之前每一个安宁祥和的夜晚。

"哪!……"街上打梆的声音将睡眠之中的谷兰惊醒了过来。她一抬头,刚好看到忘记关上的窗子外面,夜空上那一弯新月。

一只乌鸦嘎嘎地尖叫着飞过月下,消失在影子里。

谷兰再也忍不住了。她翻身坐起来,披衣下床。

"皇天在上,请您发发善心,保佑爹爹平安归来,保佑我们一家平平安安吧!"

满天星河无语,像无数双温柔而悲悯的眼睛,静静注视着这位诚心祷告的少女,直到啼晓。

第二章

急转·
当残忍撕裂了生活

极致的痛苦捶打命运

记得莎士比亚曾淡漠而平静地说过：命运的铁拳击中要害的时候，只有大勇大智的人才能够处之泰然。命运，无法扭转，也无法取代的人生，宛如顺流而下的船，漂向未知的彼岸，人类只是流浪的船客，既不知前方是湍急的幽浪，还是嶙峋的珊瑚，那深色的碧波下，潜藏的是森森的狼牙，还是柔润的珍珠。

因为未知，才显得那样高不可攀，深不可测，却偏偏不得不随波逐流，等待命运所给予的那一点甜蜜、忧伤、骄傲与茫然。

当命运的铁拳击中那个姑娘时，她不过只有 20 岁。未嫁，待字闺中，并教养良好，对未来还充满期待，目光流过庭院碧色以及花颜时，还有几分激滟的柔嫩与骄矜——施家的大小姐，有足够的本钱期待所有来日方长的好时光。

未料，这样的期待，却因那场巨变顿时戛然而止。

1925 年，直奉两系为争夺安徽、江苏两地开战。奉系的张宗昌绿林出身，行事粗豪，颇有江湖习气，与直系的孙传芳，恰恰相反。相比之下，孙传芳反倒显得谦逊温和，为人公允了。战争，有时难免一个人心定夺，得人心者得天下，不无道理。这场战争，或许从一开始，就草灰蛇线初露胜负端倪，偏偏施从滨未曾看清。又或许是看清了，只不过人在江湖，身不由己。总之，最后施从滨依旧是敌总指挥兼四十七混成旅旅长之位，挥军南下，直指安徽。

与此同时，张宗昌亦从济南南下，与施从滨部队遥相呼应，意在对直系形成夹击之势。一路上，奉军烧杀抢掠，无所不作，将民心流失了大半。张宗昌麾下也有幕僚目光长远，建议主帅约束军队，严明军纪，张宗昌却毫不在意，反而跟手下们说，只要能打仗，做什么都行，出了事有他顶着。如此一来，怨声载道，不绝于耳。

人心自然而然慢慢都偏向孙传芳的部队。一来是孙传芳向来以江浙两地为据点，背靠大树，粮草充足，无须抢掠；二来是孙传芳军纪尚可，向来不许士兵作乱。伊始，施从滨部队一路南下，势如破竹，先后攻克了泰安、兖州等地，甚至挥师蚌埠，将这个南方要塞占为己有。面对此情此景，就连孙传芳都大惊失色，连着给施从滨发来三封电报，希望两人能够握手言和，从敌对到合作。

施从滨不屑一顾。

读书人的傲骨，自然瞧不上这样"背信弃义"的行径。

然而好景不长，很快，孙部的谢鸿勋、卢香亭等出师合围了蚌埠，将其变成一座孤城，开始对城内发起了攻击。施从滨孤立无援，不得不退守固城。未久，谢鸿勋手下的上官云赶到，出其不意地对固城进行了围攻。施从滨尚且没在固城站稳脚跟，四十七混成旅被杀了个措手不及，令人心寒的是，张宗昌却在不远处蚌埠以北一带，犹自花天酒地，整日沉醉不醒。施从滨见大势已去，连忙带残兵乘火车出城，却已经是插翅难逃——北面有上官云拦截，南方有卢香亭穷追不舍，无奈之下，施从滨只能束手就擒。

短短数日之内，意气风发手握重兵的一介旅长，便沦为孙传芳的阶下囚。他被重重看守，押送到蚌埠，等待他的，是他没有回路可走的绝望。

成王败寇，难逃一劫。

他被带到孙传芳面前。昔日，在电报中对他言辞恳切苦苦哀求的孙传芳，神色倨傲恶意，慢悠悠地吞云吐雾，审视打量着令他恨得咬牙切齿的施从滨。他抽了好一会儿的大烟，才慢吞吞地问："他们到底给了你什么好处，你这么跟我作对？"他们，当然指的就是奉系的段祺瑞与张宗昌。施从滨听了无言，不置一词。

孙传芳看了看他，忽而嘿嘿一笑："你倒也是个人才，但是可惜了。谢师长请我优待你，这可给我出了个难题，我怎么优待你呢？我原以为你很有本事，结果我指头这么轻轻一下，你就完了。现在你就是给我当个马夫，我也用不上呢。"

书生意气，素来是士可杀不可辱，施从滨登时怒不可遏，道："要杀要剐，悉听尊便，我施从滨堂堂男子，有何畏惧！"

如此一来，孙传芳却也觉得这是个汉子，只可惜，是不能为他所用的人才，他自然不能留着。他微微叹了口气，让人把施从滨送到了牢房。

施从滨被推入一间阴冷潮湿密不透风的小房子，心知，自己或许是当真走到穷途末路了。他凝望着四周冰冷腥气的土墙，摸到身下泛着潮气的稻草，心里未尝不觉得英雄末路，孤冷苍凉。

恨只恨，跟错了人；怨只怨，走错了路。

男子汉大丈夫死不足惜，只是想起家中的老妻娇女，若是自己就此遭难，他们在人世间，还不知要经历多少风霜苦楚。想到这里，施从滨亦是老泪纵横。恍恍惚惚里，他梦到了许许多多的往事、故人。或许人之将死，一生里的喜怒哀乐悲欢离合，都一幕幕如画卷浮现。他看到年幼的自己，和更加年幼的弟妹们，那时，他们都还是无忧无虑的小孩子，虽然家境清贫，也有荆衣粗茶的快乐。

他还看到了他英年早逝的四弟，施从云。那真实的影子，温热的，透气的，仿佛这些年，从云一直还活着，只是隐姓埋名，去了远方。但他心底其实知道，他最亲最亲的四弟，已经死去很多年了。死在阴谋诡计里，死在黑暗而充满希望的理想上，死在无边无际的伤痛与哀悼中。

从云死后，被追赠了许多哀荣。但是他知道，那从来不是他这个弟弟想要的。他那样年轻，就死去了，甚至无法看到他所追逐的光明与胜利。而作为他的兄长，他不仅没有完成从云生前的理想，一生追名逐利，汲汲营营，不久之后，还将死于一场可耻的失败。

年轻那会儿，他怎么会想过，自己竟然会是以这种方式可悲地离开世间。施从滨以为，自己是一个英雄，一个铁骨铮铮的英雄。那时候，家里穷，他和从云去地主家做工，动辄被打骂，他们受不了欺凌，逃了出来，在冷淡的月色里互相看着对方身上的伤疤抱头痛哭，他就是在那时候，恨透了过苦日子，也就是在那时候，发誓要让家里人一辈子都不会受穷受欺负。

可究竟是什么时候起，这样的梦想开始变了。他一点一滴，一步一步，走上了追求名利的道路。他领着一帮兄弟，风里来雨里去，纵横沙场，浴血拼杀，兄弟越来越少，手里的血腥味越来越浓烈，而自己的官却越做越大。最终也算是熬出了头，熬成了山东省军务帮办，呼风唤雨，大富大贵。但是这样的日子，真的就是年轻时候的他所想要的吗？沾满了人命，背满了罪恶，这样的他，到了黄泉路上，阎王殿前，恐怕也无颜面对江东父老吧。

却是，悔之晚矣。

1926年，孙传芳令其部下李宝璋将施从滨于蚌埠车站南侧枭首，并暴尸三日。不可谓不惨然，不可谓不凄凉。

施家已经很久未有施从滨的下落了，那天，谷兰做了一个噩梦，梦有悲喜，而她清楚地记得在梦里，她大悲大恸，醒来之后，她泪流满面。此时，就算她再怎么掩饰，自欺欺人，也无法否认，或许她的父亲，已经身遭不测。

果然，不多久，她的三叔就以同乡的名义，将施从滨收殓埋葬在安徽桐城，并托人将施从滨的死讯带给了寡嫂和侄女。得知父亲死讯的那一刻，施谷兰只觉得，天忽然间是那样黑，透着沉沉的晦暗，他们家瞬间失去了所有的颜色。

大约是命运，而施谷兰的命运，就是让她在一夜之间，迅速长大。这棵自幽幽山谷中而来的兰草，在经过二十年的娇宠呵护后，瞬息间出落，成熟，坚强。前面的二十年，她学会了爱；忽然间，她学会了自立。父亲已经不在了，母亲体弱多病，而弟弟妹妹们却都还年幼，能够支撑门庭的，也唯有她而已。

她含泪，在白纸上倾墨如雨："被俘牺牲无公理，暴尸悬首灭人情。痛亲谁识儿心苦，誓报父仇不顾身。"在顿笔凝墨的那一刻，原本柔弱的身体里，仿佛有什么"咔嚓"一生，从心底的最深处裂开血肉，破土而出。

　　那时的她，还没有意识到藏在深处的汹涌激流，虽然愤懑，却依旧将自己定位为女子的格局，至多是一个读过书明过理的女子，还未曾真正觉醒，未来有一日，她会明白，玫瑰女儿，也有铿锵的声音。

报仇与脆弱交缠

以前的老人家说，春日里的第一场雨，如果不曾电闪雷鸣，惊天动地，那么那一年的毒蛇，毒性就会特别凛冽。因为第一场雨，将惊醒它们的冬眠，受惊剧烈，则毒液骤减；如果只是一场绵绵细雨，则冬眠的毒蛇就会剧毒无比。

对于施谷兰而言，父亲施从滨的死讯，或许就是一场惊蛰的雨，黑暗与绝望痛苦纠缠，悲苦和怨恨如影随形，从此，她的命运直转而下，湍急得宛如陡然坠落的瀑布飞流。而施从滨的死，并不是立刻就传回家里，直截了当地给个痛快，而是似有似无地经由四面八方传来，像是谣传，又如同事实，令人惶恐，如凌迟，似折磨。他们只能够确认施从滨败了，落到了孙传芳手里，却生死不明。

谷兰曾经梦到父亲遭难，梦醒之后她是不敢信的。这样的痛苦，她也万万不能够信。她唯一能够做的，就是不动声色地等待。因为母亲体弱，弟妹年幼，她不敢将心里的忧愁露出半分，只能藏起满腔惊惧，默然守候。幸而，从13岁管理家事以来，她早已学会喜怒不形于色，不至于叫人看穿心事。

表面的平静，其实更加痛彻心扉。白天，她陪着母亲烧香拜佛，心里却想，如果神佛有用，世间又何来这么多的伤心痛苦？

如果神灵当真能够显灵，那么人人都该是如愿以偿。可她不能说，她知道，那是母亲唯一的办法，与其说是请求神佛庇佑，不如说是求自己一份慰藉。

回到家里，尚不知事的弟妹犹自哭闹吵嚷，他们还是孩子，只懂得自己的快活或者不快活，大人们的沉甸心事，他们不懂，谷兰也不会要他们懂。这份担子，这份忧愁，她自己一个人背负就好。只是夜深时分，月上中天，万籁俱寂的时候，那些丝丝缕缕的惊惶，才会冒出来，那时，她才能卸下一身重担，遁入自己的天地，可以哭，可以悲伤，可以柔弱无助。

堂兄施中诚自得知施从滨被囚之后，就多方奔走，四处营救，只希望能够救下施从滨一条性命。谷兰每天看着施中诚前往报馆、督办府等地，打听消息，托人求救，自己却只能守在家里，只恨自己是女儿身。然而，纵使如此，消息却是若有似无的，如同断了线的风筝，线头还在手中，风筝却隐没消失。

忽然之间，谷兰的脑海里冒出一个疯狂的念头，这个念头是那样古怪而炽热，令她顿时就跳起来，跑到堂兄施中诚的屋子里，近乎可笑地说："哥，我要去找孙传芳！"施中诚刚回到家，还没来得及休息，就被堂妹的这个想法吓了一跳。还没来得及说什么，谷兰就拉着他的胳膊，含泪说："我去找孙传芳，告诉他，要杀就杀我吧，我愿意用我的命换父亲的命，只要他能把父亲放了。"

那一瞬间，施中诚的喉咙里像是流淌着一股酸涩的液体，软化了所有疾言厉色的责备。他怎么会不知道，他这个堂妹，一向是最有主见、最倔强的人，只要认定了什么事情，就是谁来劝她谁来阻止她都是不会听的。何况，她打理府中上上下下已经七年，越发独立、越发有自己的思想和决断。这让施中诚陷入了两难——要是不让谷兰去，她一定会自己想办法，到时候再闹出点什么事情来，那可如何是好；但若是准许她去，她一个弱女子，外头世道这样乱，先不说她能不能顺利到孙传芳跟前，就算是她真到了直系军中，见到了孙传芳，后果难测，还是不堪设想。

作为陆军学堂毕业的见习排长，施中诚实在见过太多匪夷所思的事情，世道无常，更何况是这样的乱世。但他看见了谷兰的眼睛，炙热、哀伤、绝望和希望反复交织的眼睛，他只能叹口气，一言不发。

见堂兄态度不明，谷兰急了，焦灼地说："这有何不可，古有木兰替父从军，缇萦救父，我为什么就不能去救我的父亲。那可是我的父亲啊！"她知道自己这样想有些疯狂，可是又怎么样呢。总好过天天坐在家里听天由命，救得出爹爹那自然是最好，若是不幸救不出来，那她陪爹爹上刑场，给他收殓，带他回家，也算是尽了孝道，若能如此，她也不枉为女儿一场。

显然，施中诚想得要比谷兰多得多。再三考虑之下，他还是表示，这个主意可行性不大。他当然也想要救出伯父，从小他就住在伯父家里，对他来说，伯父比父亲还要更加亲近。更何况，伯父对他恩重如山。但正因为如此，他不能让堂妹去冒这个险。他劝谷兰，此去不易，就算是自己跟她同行，江浙一带如今正是兵荒马乱，到处都是流兵。就算他们越过重重难关，见到孙传芳，他又怎么可能为了两个无足轻重的人释放心头之恨呢？再说，要是他们都离开了家里，只剩下一群老的小的，又让他们怎么办呢？

堂兄的话有理有据，句句都说在节骨眼上。其实这些话，她也知道，知道自己的人微言轻，无济于事，知道母亲弟妹都离不开她，只是她不甘心，就这样束手无策，放弃所有希望。她总是觉得，哪怕希望再渺茫，她也是想试一试的。没想到最终，却敌不过残酷的现实。

听完堂兄一席话，谷兰默默地离开了他的房间。时值深秋，落木萧萧，晴空淡远，萧瑟的秋风吹起萧瑟的枯叶，一如委顿的心境。秋蝉有气无力，趴在树瘤深处，一声两声，隔着院落重重，陪着心事重重。

这夜，她彻底病倒了。多日来的强撑，连日的吃不好睡不好，加上心事郁结，一头倒下去，再醒过来时，就发觉全身都沉沉的，一开口，竟然说不出话来，哑得喉咙生疼。这下子，纵然是有再多的事，她也有心无力了。就连母亲那里，她也无法去请安陪伴，家里的一应事务，也只好交给了得力的管家。

这一病，就是两天。

两天之后，她才能虚弱地勉强下床。到底是病来如山倒，病去如抽丝。第三天，她头重脚轻地下床去厨房，想要给母亲做点吃的。却发现厨房里静悄悄的，人都不见了，只剩下一个厨子，背对着人，发觉她进来，连忙抹去眼泪。就是那一会儿，谷兰觉得自己的心突突地跳，太阳穴发紧，扯得眼睛疼。她刚想笑一笑，问问发生了什么事，其实她是猜到了的，到底有些不能信。

厨子流着眼泪，断断续续地说："刚才老管家来说了……军门……军门他没了……"谷兰只觉得眼前是黑的，忽然又一阵白，冷冷热热的，大概是病还没好，人都是恍恍惚惚的，她有些生气："你说什么呢！"但话刚说出口，眼泪就流了下来，一阵滚烫，一阵凄凉，一阵寒冷，一阵疼痛，像是刀，在心口反复来回。

对于占据各地的大军阀来说，死了一位军人，死了一位将领，又有什么了不起的？只要没有威胁到他们的地位，至多是头疼一阵。打仗，抢地盘，死的人多了去，他们犯不着分心思。施从滨被俘的时候，张宗昌也只顾着自己寻欢作乐，根本没理会过他的死活；饿殍遍野的时候，军阀们抢的抢，拿的拿，只顾着自己的身家性命。但对于一个家，对于妻子，对于儿女，却是永远地失去了头上的那片天。

父亲去了，带走的是他们的希望，留下的是无穷无尽的痛苦和恨意。很久之后，谷兰才能接受父亲当真去了的事实。很长一段时间里，她都在想，那大概只是一个以讹传讹的谣言吧，或许父亲并没有死，他会回来的，总有一日他会回来的。

但他到底是回不来了。他的尸首，甚至都无人敢收，因为孙传芳下令，不许人去收殓。最后还是三叔假借当地红十字会的名义，才让父亲入土为安。可就算是这样，孙传芳的心头之恨还没有消解，听说此事后还大发雷霆。

这些惨不忍睹的事情，零零碎碎地传回到济南，传到施家人的耳里。此时此刻，年仅20岁的施谷兰心里，只剩下一个念头，那就是——报仇。她从未有过像恨孙传芳一样恨过一个人，杀父之仇，不共戴天。她要杀了孙传芳，以牙还牙，以血还血，用他的血来祭奠父亲无辜的英魂。在20岁前，她活得顺风顺水，随心所欲；20岁之后，她就只为一个目的而活，那就是手刃仇人，为父亲报仇。

她不再流泪。眼泪是软弱无能的表现，而她需要坚韧的意志，支撑她在这条报仇路上继续行走下去。纵然道阻且长，纵然血泪成霜，纵然在这条路，冒着天下之大不韪，是一条寂寞而艰难的路。

墓碑前被风吹走的誓言

嵩云秦树久离居,双鲤迢迢一纸书。休问梁园旧宾客,茂陵秋雨病相如。秋意残,雨潇潇,别了故人,寥落了青霜。秋天,仿佛原本就应该是一个哀歌泣路的时节,长歌当哭,泣下沾襟,鲜艳的颜色枯萎,娇气的回忆淡去,只剩下苍白犹豫的愁绪,唱和着时浓时淡的秋色。

失去父亲的那个秋天,或许,是谷兰记忆里最惨淡的一个秋天。什么都变了,什么都不复存在。随着施从滨的死去,他们也无法再在帮办衙门住下去。一家人,草草收拾好东西,离开了这个曾经是他们的家的存在。

踩着飘落的黄叶,迎着微凉的秋风,谷兰在一群人里停下脚步,想要回头,终究没有回头,就让这些过往成为过往,都不必再回首回望。她在这里的人生,已经随着父亲的死而彻底告终,她亦不必眷恋怀念。他们搬到了东关外一间教会的房子里,暂且容身。房子很小,家人很多。但这个问题很快得以解决——弟妹们被寄养到天津的亲戚家里,现在的施家,已经无法养活这么些人,只能各奔东西路,纷纷离去。

一场又一场的告别,纷至沓来,像是父亲之死带来的沉重回声。谷兰逐渐麻木，舍不得，怎奈何，世事流离，不得不舍。送走了最后一拨亲人，她折返回来，前些天还满得连落脚都那样艰难的房子，现在居然变得空荡荡，她看见自己的影子，缥缈地游荡在扬尘的地面，那样孤单，那样无能为力。母亲红着眼睛，看着她，软弱地嚅动着唇：这以后，可怎么办啊……

谷兰也不知道怎么办。但她知道，她要报仇，为父亲报仇。这些天来，她早已不是那个养在深闺人未识的少女，轩然大变，仿佛改变了整个人，她变得越来越刚烈强硬，不屈不挠。其实，她这种性情早有伏笔。年幼时，她就喜好听传奇故事，尤其是那些快意恩仇敢作敢当的侠女：红拂女、花木兰、梁红玉、苏来卿……江湖之辽阔，宝剑之出鞘，恣意漂泊，跟着爱恨去天涯。

她闭上眼睛，那些文字仿佛活了一样，在脑海里奔涌：精微烂金石。至心动神明。杞妻哭死夫。梁山为之倾。子丹西质秦。乌白马角生。邹衍囚燕市。繁霜为夏零。关东有贤女。自字苏来卿。壮年报父仇。身没垂功名。女休逢赦书。白刃几在颈。俱上列仙籍。去死独就生。

曹植的《精微篇》，从小就喜欢的章节，是冥冥之中的注脚——既然木兰可以替父从军，苏来卿可以为父报仇，她施谷兰为父报仇，又有何不可？这个念头，支撑着她一日日活下去，悲痛，熊熊燃烧，涅槃成仇恨的血液，滚动在七经八脉；哀伤，杂糅成动力，让她慢慢地看到活着的希望。从今后，此生所念念不忘，唯有报仇而已。

多么悲伤，又多么瑰丽。像是咬碎了一口银牙后，在坚硬的废墟里披荆斩棘开出的黑色玫瑰。谷兰不止一次幻想有朝一日，手刃仇人的场面，幻境里，她是飞檐走壁的侠客，身怀绝技，飞驰千里而毫发无损，一刀下去，寒光交织血色，仇人的胸膛溅出三尺血，他的心脏，不再跳动。

可她并不是上天入地的高手，她既不会武功，也没有雄兵千万。为父报仇，对于一个手无缚鸡之力的弱女子而言，谈何实现。施中诚告诉她，现在的孙传芳，也今非昔比，早不是那个盘踞江浙的土军阀，这回他打了胜仗，实力大增，许多小军阀都被他拉拢过去，他现在正雄心勃勃，要拓展新势力。这些事情，她知道得越多，心情就越发低落，报仇的事情，绝不是她一个人就能做到的。

施家并不是没有男丁，然而弟弟们都年纪尚小，且不说现在无力报仇，就算他们长大之后有了报仇的能力，到了那时，孙传芳是否还在人世都无法知晓，那样的报仇又有什么意义呢？思前想后，谷兰还是将希望寄托在堂兄施中诚身上。一来，他算得上是父亲亲手教养大的，有养育之恩，也有提携之德；二来，他也不是外人，要是他们两个能联手为父亲报仇，想必父亲在黄泉之下也会觉得安慰。

施中诚表示报仇之事，他义不容辞。两人商定，此事上，他主外，谷兰主内，两人里应外合，早晚能实现报仇大计。话虽是这样说，做起来却几乎是毫无可能的。谷兰是女子，施中诚虽然是男人，也只是个小小排长，手头只有几十个兵，比起直系大军来说，连小巫见大巫都谈不上。可谷兰此时除了施中诚，又能指望谁呢，张宗昌人就在济南，按理说也要来探望一下为他送命的施从滨的遗孀家人，再不济也要过问一下他们的生活，但他什么都没有做，就像全然忘记了施从滨这个人。就连施家的呈文递上去，也是石沉大海，杳无音信。

对此，逆来顺受的母亲默默忍受了，她不敢出头，丈夫的死她也只是自己承受痛苦。可谷兰不肯，她要张宗昌一个说法。于是，她断然拒绝了母亲所说的离开济南，前往天津的建议。她说服一向懦弱的母亲，亲自到张宗昌面前，要一个答案。母亲当然不肯，她是个大门不出二门不迈也没见过什么世面的妇人，只怕多生事端。

谷兰却不怕，她说："我们现在怕的是什么呢？爹爹都已经不在了，还怕什么呢。他张宗昌又不是三头六臂，爹爹替他打仗死了，好歹他也得给我们一个交代，善后的事情他不管谁管？要是我们不敢去，悄悄地离开济南，指不定他心里多得意呢！"也许是女儿的一番话惊醒了当母亲的，也许她自己心里也觉得不妥，于是，施夫人终于下定决心，跟着女儿去找张宗昌问问清楚。

到了张宗昌府上，却见这里张灯结彩，一问才知道，张宗昌在给新来的督办接风洗尘。人走茶凉，谷兰忍住心头的愤恨，直接走进大门。守卫拦住她，她冷着脸把父亲的名讳报出，直接走了进去。施夫人跟在女儿身后，还没见到张宗昌，已经生了怯意，还好谷兰底气足，面对张府十足的排场，也不卑不亢。

得知她们是施从滨的遗孀和女儿，张家的下人倒也不敢怠慢，迎到偏厅，好茶好点伺候着，只是当谷兰问起张宗昌在哪里，却都吞吞吐吐，显然是在敷衍，好叫她们自个儿坐不住，就回去了。施夫人倒是脸皮薄，等了几个钟头，觉得不好意思极了，谷兰却不吃这一套，她自顾自一边喝一边等，大有把张府坐穿的意思。看到女儿这样，施夫人也慢慢镇静下来。

施谷兰知道，张宗昌是没脸见她们，可再没脸，也得把道义给圆上了。不然事情传出去，看奉军里还有谁给他卖命。果然，又过了一会儿，张宗昌的姨太太出来应酬了。这位姨太太颇得张宗昌宠爱，早前施从滨还当着帮办的时候，曾代表张宗昌来过施家。谷兰也不给她面子，只说请张将军出来说话。

张宗昌最后没办法，只好硬着头皮来见。施夫人见到张宗昌，又气又怕，一下子说不出话来，谷兰只好自己开口问张宗昌，可否见到施家交上了安排后事的呈文。张宗昌打哈哈，把这件事推诿给手下，装模作样地要调查。谷兰不拆穿，只问："那您是要怎么安排我们呢？"

"记得父亲当年因为年迈多病，已经跟您交了辞呈，是您再三挽留。现在他被您派到战场上，送了命，他尸骨未寒，我们一家人无依无靠，想必您是不会对我们不闻不问来寒手下将士之心的。既然您没看到呈文，那我这里还有一份，就请您现在过目吧，若是您答应了，我们就此隐居天津，绝不再回济南来。"

张宗昌倒是没想到，一个小姑娘，竟然说得句句在理，令他不得不应。一看呈文，里面也没有无理要求：一是一次性发清抚恤金；二是提拔施中诚为团长；三是公费送施中杰和施中榘去日本士官学校留学。三件事，一件都没有狮子大开口，故意刁难张宗昌。既然这样，张宗昌也乐得落个好名声。何况，事情一了，施家母女就移居天津从此不再返回济南，那他对施家不甚仁厚的行为，也就无人知晓了。

看着张宗昌在呈文上签名，谷兰心里的一块巨石终于落了地，这下施家的生活有了着落，也不怕坐吃山空了。堂兄的前程也算是定了，弟弟们的未来也有了保障。这下，她就不必为这些事情烦恼，可以专心在报仇一事上了。

　　后事已了，很快，施家母女便离开了济南。这个伤心地，也是回忆城。这里，有他们一家最幸福的过往，也有他们最痛苦的记忆。但愿人长久，只有人长久，才有时间去做完想做的事。而谷兰想做的事，没有其他，唯有那一桩，那一件。岁月流淌，墓碑上青苔斑驳，流光淅淅沥沥，烟火供奉前的誓言，可以被风吹散，唯独吹不走心间的沉淀。

失望该用什么去填满

多年前,离家求学,曾途经这座城市。空气很洁净,沿海的地方,天空似乎都格外清丽,海鸥一行行,令人无端想起鸿雁传书的典故。而在匆匆的行人间,在因时光镀上一层怀旧意味的建筑里,天津,亦成了一座有历史的城。

1926年,天津。

北上的游轮自这里停泊休养,整洁的街道上时不时冒出金发碧眼的面孔,新建的剧院里打出梨园名伶的旗号,这时,天津的历史刚开始不久,还像个无邪的孩童,眼睛里透着对每一个角落的好奇。世道太乱,北京、上海等地都不再安乐,靠近北京的天津遂成了许多达官贵人心里最好的安乐窝。可别惊着,那会儿的天津街头,留辫子的满清遗老,西装革履的小纨绔,操着生硬国语的大鼻子洋人,纷纷攘攘,热闹着呢。

施家有亲戚在天津,于是他们离开济南后,综合各个方面,决定定居天津。天津有钱人多,施家没了顶立门户的男人,只靠抚恤金和遗产生活,只勉强算是衣食无忧。施母对生活没什么要求,只求一日三餐,人人平安。谷兰却自有心事,安顿好平时生活后,她把余下来的所有精力都放在了报仇上。

每晚临睡前,她都要问自己:施谷兰,你可否知道你的仇人是谁?你的杀父之仇到底报了没有?一日一日,她将这份仇恨刻入生命,入木三分。不止是爱令人刻骨铭心,恨也能令一个人念念不忘。她把孙传芳这个名字,在心底辗转了千百回,每一次,都恨不能食肉啖皮。每一日,她都在报纸广播里寻觅这个名字,希望他早点得到报应。然而,每每几乎都是失望。

那几年,孙传芳风头正劲,几次战役,都成了赢家。谷兰只能将所有希望寄托在堂兄施中诚身上。她心心念念的,就是堂兄能够功成名就,青云直上,有朝一日能光明正大地给父亲报仇。因此隔两三天,她就往济南方向去信,信中百般嘱咐堂兄注意身体,嘘寒问暖。一旦得了什么好东西,第一个想到的就是大哥,上好的营养品,暖和的冬衣,大大小小,都寄了过去。纵然是这样,还觉得不够,要是大哥真给父亲报仇,那她心甘情愿给大哥当牛做马,为奴做婢,回报他的大恩大德。大哥的回信,她每一封都读得滚瓜烂熟,收藏在最珍贵的匣子里,视若宝物。

谷兰觉得自己该是恩怨分明的女子,有仇当报仇,有恩必衔草结环。曹植的《精微篇》和李白的《东海有勇妇》,是她背得最熟的诗篇。因为这里,藏着她的信仰。

直至1928年,谷兰脸上才开始出现睽违多年的笑容——因为北伐战争的开始,不少军阀都受到了不小打击,而孙传芳正是北伐的主要打击目标。自1927年来,孙传芳的直军死伤惨重,深受重创。孙传芳败北后,又同奉军勾结,再次惨败,成了秋后的蚂蚱,再也蹦跶不起来。谷兰心中大快,连忙写信给施中诚,要求实施他们的报仇计划。现在正是打击孙传芳的好时候,机不可失。

可是偏偏，施中诚的态度犹豫，迟迟不应，这令谷兰十分失望。

三年过去了，三年的时间足够改变了一个人，也足够淡忘一切恨——施中诚早已不想再报仇，或者是说，他并不想为了报仇赔上自己，以及大好前途。他亦是个人才，从堂妹用伯父的死换来的团长位置上，这三年，他的晋升速度很快，已做到了烟台警备司令的职位，手握重兵，显赫一方，比起当年的施从滨而言，有过之而无不及。随着时间的流逝，官运的亨通，当年一气之下立下的血仇誓言，不过是过往云烟。

只是堂妹，却不肯放弃。这些年来，她每一封来信，都心心念念这件事。而他在回信中，也屡屡委婉规劝，报仇一事，谈何容易，他们只能顺应时局，伺机而动。但显然，她并未听进去。施中诚原本以为，时间会像改变他一样，改变堂妹。女人嘛，要是能嫁了人，生了孩子，再尖锐的脾性，也会变得温软柔和。施中诚是这样想的，早晚有一天谷兰能够忘了血色的誓言，而他也可以安心追逐他的世界，享受权势生活，两人各自安好，互不打扰。他们过得好，这岂不是九泉之下的伯父最乐意看到的吗？

然而，他低估了谷兰的倔强执着，报仇雪恨的心愿，并未因世事的更改，流年的变幻而被小心收藏，反倒越发急切渴望。收到这封督促他报仇的来信，施中诚无奈苦笑。他的世界，她不会懂，既然如此，他也只能愧对堂妹，愧对伯父了。

施中诚回信说：

兰妹玉展：

　　来信悉收。贤妹苦心相劝，愚兄深感内疚。

　　杀父之仇，愚兄片刻未敢忘怀。然大丈夫立世，当报效国家，服务社会，报仇时机未到，怎可轻抛生命？故而韩信受胯下之辱而终拜大将军。

　　常言道："多行不义必自毙。"孙逆传芳，涂炭生灵，鱼肉百姓，恶贯满盈，定不得善终。贤妹不必过于心焦。

　　近日乡下老母，鸿雁捎书，言及体弱多病，欲靠愚兄安度晚年，望贤妹体谅愚兄苦衷……

　　他的意思已经非常明白——他贪恋权势，不欲为陈年往事赔上前程，却偏偏借口老母多病，需要奉养。只将背信弃义说得万般为难。谷兰是聪明人，虽然困守闺中，却一眼看出了施中诚的借口，她的心凉了一半，原来这些年，仍旧是看错了人。这样的信，她看一遍就明白了意思，却偏偏看了好几遍，最后才不能自欺欺人。她用父亲的死换来他的青云直上，他却不肯为当年灵堂前发下的重誓，践得一诺。

　　那年，谷兰23岁。因父仇未报，弟妹尚幼，不肯嫁人，只守着家里一心想着报仇。她以为，施中诚不肯替父亲报仇，是因为他毕竟不是父亲亲生的缘故，不是亲生的，没有血缘的关系，他们的痛苦，他便不能感同身受。她这样想，免不了是因为涉世未深。实际上，施中诚涉世多年，早就练就了一身油滑。如果说当年跪在伯父灵前的他所立下的誓言还有几分真心的话，那么这些年，他追求名利，一心官场钻营，手下人一呼百应，阿谀奉承，放着这样快活的日子不过，而去为死去多年的伯父报仇，那他才是天字第一号的大傻子。

如果当年就直言不能报仇，那谷兰还当他是坦荡君子，多年后得了好处又不认人，当真是无耻小人！她气得发颤，眼中酸涩，却不肯再哭。回忆起当年父亲还在时，他最疼的就是这位堂兄，应季衣服先紧着他的，吃穿用度一律都比他们几个亲生的还好，父亲最宠爱的，曾经就是他！她一个女子尚且敢不顾性命，为父报仇，他反倒畏首畏尾，瞻前顾后，如今更是背信弃义。

怒极之下，谷兰依旧不失冷静，思虑再三后，她回信说：

大哥：

　　你在父亲遗像前宣誓不到三年，就把誓言忘到脑后。回想你自幼丧父，孤苦可怜，父亲把你抚养成人，视如亲子，父亲死后，一家人凄凉悲惨，不可言状。为了替父报仇，我和母亲含辛忍辱，恳求张宗昌将你破格提拔，以期他日得势，为父报仇雪恨。不料你升官忘义，自食前言。羔羊跪乳，乌鸦反哺，你为人子，能不愧乎？

　　告诉你，父亲的血海深仇，没有你，他的女儿也照样能报，你等着看吧！

　　自今日起，与你断绝兄妹关系！

施谷兰

回首前事，谷兰恍然发觉，是自己三年来识人不清。其实施中诚的这份心，哪里是升任烟台警备司令后忽然生出的，这些年他的来信中，都含糊其辞，尽是托词，只是当时她鬼迷心窍，竟然不曾发觉他的暗中弃逃。这是她最后一次喊他大哥，从此以后，恩断义绝，互不往来。他可以走他的阳关道，她也有她的傲气，她要让他看一看，没有他，她施谷兰也决不放弃，也一定能够为父报仇。

……东海有勇妇，何惭苏子卿。学剑越处子，超腾若流星。捐躯报夫仇，万死不顾生。白刃耀素雪，苍天感精诚。十步两躩跃，三呼一交兵。斩首掉国门，蹴踏五脏行。豁此伉俪愤，粲然大义明……那夜晚上，施谷兰再次长吟着李白的《东海有勇妇》而睁着双眼彻夜无眠，乌黑的眼睛里，有一束赤色的火焰，在永不熄灭地跳动。

第三章
婚姻·
点亮最后一次期盼

开始一段崭新的寄托

错付。一字一词,竟然那样伤,藏着丝丝缕缕的悔恨、悲哀、绝望以及悔不当初。

施中诚的"叛变",给予这个本来就在勉强支撑的家,重重一击。与君就此恩断义绝的话,一时激愤下跃然纸上,从天津寄往烟台,就此断了往来。却是徒劳无益。一纸诀别书,撕开了最后的遮羞布。可这对早已跃居人上人的施中诚,又有何用?他借助施家,获得权力富贵,早已不是现在只剩孤儿寡女的施家能拉下来的。他要的已经得到,可以说,谷兰的这封信,无非换来他几声叹息,心底深处,或许还觉得松了一口气——从此以后,再也不用为堂妹的固执而烦恼了。

施家却不一样。施中诚是他们家唯一的指望,如今失去了他,几乎是等于失去了全部希望,一蹶不振。虽然谷兰在信中说,要亲自为父报仇,可她也不是不知道,就算加上施中诚,报仇的希望也并不大,更何况,现在只剩下她一人。自从和施中诚断绝关系后,重重压力压得她越发沉默寡言,每天待在房间里,很少出门来。

到了九月十七日,谷兰不得不出现。这日,是父亲施从滨的忌日,作为长女,她要主持一应祭拜事宜。往年,她都满怀希望地告慰父亲在天之灵，然而今年，她只觉得无言面对父亲。望着堂中父亲遗像，那温暖慈祥的目光，仿佛一道烈火，灼得她抬不起头来。她强忍着，祭拜完父亲，送母亲回到房里后，就再也忍不住，跑到夜深无人的后花园，像个软弱的人，泣不成声。

　　谷兰真的是太累了。这些年，这些天，这些重担，她的梦都是血色的，梦里已是荒芜，醒来现实又何尝不残酷？哭出来，或许能痛快一些。

　　哭着哭着，谷兰忽然听到身后有窸窸窣窣的脚步声，轻轻地，拂过柔软草叶，濡湿棉布鞋头，一声清朗，带着足以被人察觉的关怀："大小姐？"她回过头，淡白色月光里，有人身长玉立，目光亲和，有久违的保护之意。

　　是暂住在她家的施靖公。他原是施中诚的同学，这次是从山西到济南出差，途经天津，通过施中诚的关系，就暂住在施家，没想到却碰上这等事。他的境地，也是尴尬，寻常人觉得尴尬难受，就会主动离去：主人家都已经和同学断绝来往，他一个外人，怎生好再住下去。而施靖公却落落大方，处处周到，仿佛没有看到施家人诧异的眼神，这些天，反倒帮了他们家不少忙。

　　谷兰被他发现半夜在花园里哭，到底是个姑娘，觉得不好意思，于是擦干了眼泪，问："施公子，你怎么在这里？"但她眼睛却还是红的，鼻尖都透着淡淡酸涩，说着说着，就低下头去。她实在是不好意思见他。

　　见谷兰垂下头去，施靖公踌躇了一下，仿佛也有几分局促，可他定了定神，依旧开口说："大小姐，切莫伤心，毕竟还是身子要紧。"谷兰已经很久没听到这样关怀的话语了，多年来，只有她去关怀别人,哪里有人记得这个要强的姑娘,其实也有软弱时候。说真的,听到这样的话,不管是真心还是假意,谷兰还是觉得好受了一些。

"中诚这事,我已听闻,这件事,是他过了。他自幼受恩于伯父,本该为伯父报仇雪恨,得到了高官厚禄就翻脸不认人,我都看不过去。"施靖公又道,显然是在为他们家抱不平。谷兰惊诧地抬起头,看了面前这个年轻人一眼,男女有别,虽然是民国,这位曾经的大家闺秀,依然恪守她的教养,施靖公虽然暂住在她家,她却从未跟他认真照过面。现在,她抬头来,第一次仔细看着他。

施靖公生得并不出色,身材也并不高大,但眼神清正,不算昂贵的衣服也收拾得干干净净的,显出几分清俊来,亦是很整齐的年轻人。只是谷兰不知道,他深夜前来,忽然跟自己说这些话究竟是为了什么,明明施中诚才是他的同学。他又说:"大小姐,对你和你的家庭的不幸,我非常同情,当年在保定军校读书时,我也很敬佩施公为人,现在愿为你们尽绵薄之力。我是一个军人,也读过圣贤书,自幼佩服那些侠肝义胆之人,如果大小姐愿意的话,我愿辅佐大小姐,给施公雪恨。"

这下,谷兰知道了。施靖公的话无非是一个意思,若她嫁给他,他就会帮他们家报仇。不知为什么,谷兰竟然脸红了起来。她动了动嘴唇,却什么都没说出来。嫁人这件事,自从决定为父报仇后,她早就不想了。一来是不愿为家庭儿女所累,耽误他们又耽误自己;二来是也不会有人愿意娶一个立志报仇的女子为妻。再则,她若是能报仇,其实也是生死未卜,又何必在尘世里,多一分羁绊。

父亲在世时,倒是为她的亲事费了不少心。她那会儿就已经是20岁的大姑娘，旁的女子早就成婚当了母亲，她却很少看得上谁，一来二去，就拖了下来。父亲当年出征时，还说等回来就要给她找一门好亲事。可现在，她已经23岁了，对自己的婚事更不作他想。

她看了看施靖公的眼睛，似乎想要在他的眼睛里找到一丝慌乱、一丝不安，能够将提亲和报仇混为一谈的人究竟是一个怎样的人呢？然而，她什么都没有发现，只看到一双坦然的眼眸。反倒是自己开始慌了，一颗心，跳得又剧烈又迟钝。

施靖公看到她这样，叹了口气说："是我唐突了。我的话，却是出于真心，还望小姐好好思量，夜深露重，小姐还是早点回去休息的好。"这番话，忽然之间，暖上心尖。谷兰茫茫然地点头，起身离去。或许，这个主意也不坏，她一边走，一边突然冒出这样一句话。其实，与施中诚断绝关系后，她想清楚了许多事情，既然亲情靠不住，那么世间又有什么是靠得住的呢？不过是利益往来，彼此利用。今晚这事，她还不至于天真到以为，施靖公是真心喜欢自己，愿意为自己肝脑涂地，万死不悔。

他那样直接提出利益交换，反倒令人放心。她嫁给他为妻，他为她报仇雪恨。说起来，似乎也是不坏的选择。说是婚姻，倒不如说是盟约，有时候，盟友比亲友更让人放心啊。之前施中诚要是能为父亲报仇，她都愿意当牛做马报答他，如果施靖公真能为父亲报仇，那么以身相许又有何不可？

施谷兰身上，始终有一股豁达潇洒的江湖儿女气，婚姻这样重要的事情，在她眼中，原本就不是什么要紧的事，若能换来父亲瞑目，她心甘情愿。因此，她再一次深信不疑，施靖公也是一名军人，只要他有心，也一定能够实现他们家的夙愿。打定主意后，谷兰去找施靖公，说："若君能代谷兰报仇，那谷兰亦愿以身相许，鞍前马后，伴君终身。"

便是答应了他。

未料，她好不容易想通的事情，却遭到了母亲的反对。施母没有女儿那么强烈的报仇愿望，在女儿的婚事上，她总觉得亏欠她良多，只盼望她找一个情投意合的善良人，平平安安地白头到老。但她现在看上的施靖公，其他的也就算了，什么家境寻常长相一般，都只是外物，施母只不喜欢他是军人这一条。她怕谷兰赴她的后尘，当军人的出生入死，命都不是自己的，当军人的妻子，要担惊受怕，受多少罪，她最清楚不过。因而，她不希望女儿也嫁一个军人。

只是这事，谷兰自己已经决定了。当母亲的，也不好说什么。她不晓得这桩婚事，本就不是花前月下琴瑟和谐的水到渠成，只是两人私下达成的交易。很难说，若是施母知道了真相，会不会极力反对。她一向是那样软弱的女子，为了女儿的终身幸福，或许也会勇敢一回。她是过来人，自然知道，那样充满利益的婚姻，有什么幸福可言？

谷兰就这样嫁了。她嫁的不是施靖公，而是嫁给了她的理想和夙愿。不是施靖公，任何一位愿意为她舍身报仇的人，她或许都愿意嫁。也许是缘，也许是劫，一切都不早不晚，刚好就是那个人。在她最痛苦、最疲倦的时候，他出现了，给了她一个无法拒绝的理由，也给了她一个足够坚固的肩膀，让她可以放下沉重的心事，像一位真正的新婚女子，有甜蜜笑容，有缱绻春怀，有芬芳美梦。谁说，她就是冷漠的、平静的、枯萎的姑娘，在她心里，分明也有对爱对幸福的美好渴望。

美满的内心是遗憾

谷兰嫁给了施靖公。

就凭这份义无反顾,她也算得上是一位侠义女子。多年来,为了报父仇,她牺牲了太多太多,安逸的生活不过其中一例,如今,在报仇的天平上,还加上了终身幸福的砝码。如果多年后,夫妻生活美满,父仇得报,两人安享晚年,白头偕老,未尝不是一段佳话。若真是如此,就太传奇了,传奇得就像风月流连,古书隽永。那样,留给我们的或许就是一个被时光善待,被世事宠爱的小老太太,面对眼神好奇的年轻人,亦能笑得一脸温柔。

然而,时光赠予谷兰的是坚强,世事留给她的不过是风霜。

其实施靖公早已心仪谷兰。对于一个出身平庸的穷小子来说,谷兰是名门闺秀,将门之后,当之无愧是女神级别的。加之他与施中诚是同窗,时常能从他口中听闻谷兰的聪慧、典雅和善良,如同所有梦想着白天鹅的"癞蛤蟆"一样,他将谷兰当作他的女神,暗自喜欢,偷偷恋慕,不敢让谁知道。因为,他知道,论出身论才能,他万万不可能迎娶到她,那叫自不量力。

可是命运,却给了他那样从天而降的好运气。一席话,一番好似赤忱的言语,一段洞房花烛夜信誓旦旦的誓言,他梦里的姑娘就成了他的枕边人，他的妻子。那段时间，施靖公是真正高兴的，为着多年梦想成真，为着他这个穷小子居然娶到了将门千金——施家再潦倒不济，那也是相对于之前的煊赫门庭，瘦死的骆驼比马大，要知道谷兰的嫁妆可是不少的。加上先岳施从滨的名号，即使已经过世，也对他日后的前途大有助益。

不久后，施靖公就得意扬扬地带新婚妻子离开天津，返回故乡太原。

那是谷兰第一次真正意义上踏出家门。离家之后，她的身份就不再是一个女儿，而是一个妻子。宛如养在深闺的千金，纤纤素手微微掀开轿帘，目光落在广阔的世界里，大街小巷的烟火凡尘，行色匆匆的戎马军人，多么鲜活而森严的世界，哭的笑的喜的怒的，鳞次栉比地绽放在她好奇而幽幽的眼底。

她的心，感到那样惊奇而充盈。因为家风的缘故，她很少踏出家门，参与社会活动，在一些同为官家小姐的女孩子已经涉足种种活动的同时，谷兰沉浸在报仇里无心出门。连席卷全社会的"五四"运动，她也只是从报纸上匆匆一瞥。她何尝不想也出去看看、走走，到同龄的女子中去，也穿上白衣蓝裙，踩着黑布鞋融入这个瞬息变幻的时代。但母亲不许，这个一贯软弱的女子在教养子女上表现出了格外的固执，她守着施从滨的遗训，男子一律念军官学校，女子一律在家里学习家务，她不允许女儿们离开家庭，到社会中去，对她而言，那是一种堕落。这虽然也是一种保护，但谷兰还是错过了许多许多。

随丈夫离家，这是谷兰婚后的一大便利——这会儿，她就是去上洋学堂，母亲也无话可说，毕竟她现在已是别人家的媳妇。

到了太原后，施靖公回到谍报股上班，谷兰就在家里当太太。初到太原，人生地不熟，她也没什么朋友，唯一的亲人就是丈夫，如果说不依赖，那是不可能的。在这样的环境中，谷兰对施靖公的感情未免加深了几分。她每天最期盼的就是丈夫下班回家，夫妻俩热一盅小酒，小酌几杯，借着丈夫口里的时事新闻下酒。

施靖公在谍报股，消息非常灵通，有什么事情他们都是第一手知道的。因此谷兰从他口中知晓了不少。施靖公的目的，无非是要让谷兰觉得他神通广大，无所不知，谷兰听后，却总是若有所思。

有一回，他告诉谷兰，孙传芳和张宗昌已经换了帖子，结为兄弟。谷兰得知后，非常气愤。她的世界里，黑是黑，白是白，若是仇敌，那这辈子都是仇敌。然而孙传芳和张宗昌，明明是互不往来的死对头，打得你死我活的，还连累父亲和许多士兵都送了命，几年后回过头来，竟然还成了结义兄弟，岂不是可笑，父亲岂不是死得冤枉！

她愤愤不平地把心中所想告诉丈夫，丈夫却笑道："我的傻夫人，这人和人之间的关系，复杂着呢。孙传芳和张作霖，早先不也是死对头，孙传芳兵败投靠张作霖，张作霖竟然还任命他为安国副总司令。他和张宗昌，从死对头到结拜兄弟，也没什么不可能的。为了共同的目的，敌人可以随时成为朋友，为了各自的利益，朋友亲人也可以随时变成敌人。"

这令谷兰又是吃惊又是愤怒，她道："这是为什么呢？"

施靖公不以为然，这样的事情实在是太多了，历史上，国内国外，为了争权夺利父子翻脸，兄弟相残的事情还少吗？他说道：

"有的人就是这样的，为了一己之私，什么手段都使得出来。正所谓无毒不丈夫，量小非君子嘛。"谷兰觉得丈夫的话并不对，她反驳道："他们是他们，有些人可不像他们一样，比如说咱们夫妻，是因为要为父亲报仇才结为夫妻的，还要一起照顾弟弟妹妹呢。"

此话一出，施靖公也不免语塞，愣了一会儿，他岔开话题，转而说起别的事情来。谷兰以为，这是丈夫宠爱她容忍她，所以不愿跟她发生争执。因为好几次，他们一旦意见相左，施靖公就会转移话题，她不多想，只以为是丈夫在包容她，反倒觉得甜蜜。至亲至疏的夫妻，毕竟，他们不同于常人。

一日，施靖公的同窗郭宗汾携妻来访。谷兰虽然是个大小姐，自小锦衣玉食，嫁给施靖公后却从不娇气，里里外外都是一把好手，下厨更是不在话下。她很敬佩郭宗汾夫妇，他们每次来访，她都要亲自下厨，做几个好菜招待郭氏夫妇。郭宗汾才干远在施靖公之上，因此他早早就被阎锡山提拔为北方国民军司令部参谋长，被称为"智囊参谋"，在晋军里很是有名。后来阎锡山第四次扩军，他又被任命为第七军第十九师师长，比施靖公官运亨通得多。但郭宗汾为人公允，从不自视甚高，待人很亲和。

他的夫人也是在农村时就定下的妻子，虽然不是大家闺秀，可夫妻俩感情甚笃，婚姻很是美满。谷兰也是非常喜欢他们。他们每次会面，无一不是把酒言欢，相谈甚欢的。只是这次，郭宗汾一进门，就坐下来沉默着喝酒，一言不发。

施靖公问道："郭兄可是有什么心事吗？不如说出来，让小弟我帮忙参详参详。"郭宗汾猛喝了一口酒，拍桌子怒道："这都是些什么事儿！一会儿打蒋介石，一会儿又打唐生智，一会儿跟这个联合,一会儿又掉头来打这个。成天打来打去,打着救国救民的旗号,无非就是争权夺利,争地盘,你看看,这些天死了多少兵,死了多少百姓?哪一个不冤枉不无辜!"

"这一回,我的心可算是凉透了。再这样下去,咱们可不就是成了千古罪人?"郭宗汾非常苦闷,他说的是他们的顶头上司阎锡山,为了一己私利,连累了太多百姓活得水深火热,朝不保夕。

谷兰沉默地听着,没有说话,其实她和郭宗汾的想法是一样的。施靖公却是笑嘻嘻地不以为然,劝道:"大哥,咱们是军人,哪能不打仗呢,只有打仗才有出头之日,要是不打仗,咱们干什么去啊,难不成喝西北风?"

这番话一说,古兰和郭宗汾都吃了一惊,施靖公竟然能无视民生,说出这样的话来,郭宗汾大怒:"此言差矣!我郭某弃笔从戎,为的是救国救民。如果能够平息战事,百姓安乐,我情愿卸甲归田,自谋生路。"施靖公素来很敬畏郭宗汾,看见他真动怒了,连忙息事宁人,赔着小心劝慰郭宗汾。这事算是就此揭过了,然而,谷兰蹙眉不语,久久都没能舒展开来。

她并不了解她的丈夫,就像丈夫也并不了解她。那么一个可以无视百姓困苦只求自己出头的人,会真正给父亲报仇吗?会不会,她又一次信错了人,错付了希望呢?忽然,施靖公回过头,给她夹了一筷子她爱吃的菜,平淡而又温馨。这微微驱散了她心头的不安,然而,阴影,投射在心底,却始终不能散去。

 最后一次质问

心字成灰。

难以想象,一朵花枯萎的微凉,一场雪融化的绝望,一颗心,从鲜红到黯然的寂灭。生活里已经有太多陡峻的山路要跋涉,有太多嶙峋的海湾要穿越,有太多苍白的过往要埋葬,但是我们依旧要沉默而坚定地往前走,像决然告别前尘往事的旅客,在漫长、漫长的黑夜里,聆听心里的裂痕,逐渐蔓延。宛如青瓷的裂缝。

到后来,我们甚至都忘记,原本我们的心,也热爱歌颂,也酷爱欢笑和糖果,更贪婪生活里一切代表幸福和美好的枝蔓。但那些,终究随风而逝,仿佛衣袖里丰满而空荡的气流,无可挽留,毫无痕迹。

谷兰的心,曾经也是娇艳的鲜红的存在。可尘埃,究竟是什么时候,染上心头,斑驳了旧事,迷蒙了玲珑窍。

婚后不久,她怀孕了。她很重视自己的第一个孩子,心里自然也很惶然,于是,她返回天津娘家待产。十月怀胎,她分娩下一个男婴,这亦是施家的第一个外孙,施母爱若珍宝,并给这孩子取了一个小名,叫"大利",取自大吉大利的意思,虽然俗气,但是响亮,意头好。

初为人母，谷兰自然很欢喜，她喜滋滋地写信告诉千里之外的丈夫。很快，丈夫回信，信里也是满满的快活。施靖公的年纪也不算小，却是头一回当父亲，当然是非常开心。倘若就这样下去，也不失为尘世圆满。花开花落，一起走过大起大落，生儿育女，最后白发苍苍，夕阳里并肩睡去。

那是万千小世界里，最寻常的故事。却不是谷兰的故事。

她最惦念的，依旧是父仇未报，此恨未了。生了孩子之后，除了照顾孩子之外，她每隔三四天就要给丈夫写一封信，催促他尽快动手筹谋，为父报仇。施靖公在回信中，从不像施中诚一样推诿，含糊其辞，他只是说现在他人微言轻，起码还要再官升两级才能开始谋划。他说得也不无道理，谷兰虽然不满，到底无话可说。

也就是这段时间，军阀混战加剧，蒋介石、冯玉祥、阎锡山三人割据战日益白热化，整天打得不可开交。时年，施靖公担任阎锡山手下的谍报股股长，因为战事，也日日忙碌。他在信中信誓旦旦，跟妻子保证说，自己很快就能升迁，报仇也就指日可待了。听闻之后，谷兰很是欢喜。未料，蒋介石竟然说服张学良，得到奉军支持，形势直转而下，冯玉祥与阎锡山被迫通电全国，全部下野，其手下的西北军和晋军也成了蒋介石的囊中物。施靖公苦心筹谋，就此竹篮打水一场空。

施靖公见多年升迁希望落空，登时，一蹶不振，心灰意冷。谷兰从他的来信中，也能感受到丈夫的迷惘、痛苦、悲哀。虽然她依旧为复仇一事着急，但她心地善良，对施靖公也已经产生了一定感情，因此毫不犹豫就将报仇放到一旁，决定返回太原，回到丈夫身边。

兵荒马乱，到处都是流兵难民，从相对安定的海滨城市天津到战乱不定的太原，谷兰显示出一个女子一位母亲最坚韧的一面。她抱着才刚满周岁的孩子，千里迢迢返回太原。然而，站在月台上迎接她的丈夫，却不再是当年意气风发、踌躇满志的军人。阎锡山的下野，晋军的改编，仿佛将他的精神气都抽了个空，那个整洁干净的年轻人，一去不回，留下的是一具胡子拉碴眉眼倦怠的躯壳。

回到家里后，佣人柳妈又偷偷跟她说，这阵子施靖公常常夜不归宿，流连在外面打牌喝酒，整夜整夜地玩，有时候回到家里也要喝酒，没人陪他喝就自己喝，完了发酒疯，闹得街坊都不得安宁。丈夫这样的状况，令谷兰很是担忧。她想到"玩物丧志"这四个字，多少风流人物，都败在了这四个字上，如若施靖公就这样下去，别说是报仇，就是这份工作是否能保住都还是二话。

谷兰准备等丈夫回来，再好好劝劝他。未料，到了晚上，施靖公也没有回来吃晚饭，直至半夜，他才悄悄地回到家来。他本以为谷兰已经睡下了，没想到，一抬头，妻子正临危正坐，目光清冷地瞧着他。顿时，施靖公心里就先发了虚。他笑着打哈哈："这段时间事情多，劳你久等了。"

实际上，谷兰早就知道他又是出去跟人打牌去了，无非是手气好或者手气不好，输了想赢，赢了别人又不让走，牌桌上的事儿，她也很清楚。面对丈夫的谎言，谷兰没有拆穿，只是劝道："升官发财，这些都是身外之物，做人要有一身正气。你看看郭大哥，人家和你一样，都是身处逆境，何曾见他跟你一样烂醉如泥？他每天不是练功夫，就是读书。你若长此以往，何愁不时来运转？可若是一天天这样下去，还不是要把你自己给毁了，若是这样，你又谈何为我报仇？"

她说这些，原本也是好意。然而施靖公现在是听不得别人说他不好的话，良言逆耳，他也暗恨。不止是如此，他更是以为，谷兰劝他不过为了报仇，她当年嫁给他，也不过是为了报仇。这一点，他永远不能忘，也永远在谷兰面前抬不起头来。想到这里，他从衣服口袋里拿出一把钱："我打牌，也不就是为了给你和孩子添置点新衣服？"谷兰更恨，她一把甩开："谁要你这肮脏钱！"

施靖公脸色一变，夺门而去。

这是夫妻俩第一次争执，自此，裂痕愈深。谷兰恨他不知进取，言而无信，施靖公也羞恼成怒，时常彻夜不归。就连谷兰第二次怀孕，留在家里待产，施靖公不仅不闻不问，还时常跟她大吵。二胎依旧是个儿子，然而，施靖公却仿佛这个孩子不是他亲生的，连取名字也只是跟着长子大利取名二利。谷兰这胎生得不易，生产时子宫大出血，施靖公偶尔回来，被柳妈拉着看了看谷兰，片刻后，抬脚就走，气得谷兰再次出血。

到了二利满月，施靖公才回来瞧了瞧，亦是满脸不悦。可见，夫妻感情已是非常冷漠。谷兰没有母乳，二利只能喝奶粉，施靖公得知后，满腹牢骚，说自己的薪水都填了他的肚子，言辞冷淡怨恨，几乎不是一个父亲所能说出的。谷兰心冷，遂不再问施靖公要家用，用自己的嫁妆当二利的奶粉钱，给孩子补充营养。

等到后来施靖公事业好转，升为旅长，家境大有改善，但夫妻之间，也已经矛盾重重，再无缓和之地。还有一次，因为家里积蓄见长，谷兰建议丈夫给在乡下做小生意的公爹寄去一些生活费，她是出于孝顺，认为公爹生活不易，既然自家形势好转，自然要孝顺公婆。结果施靖公却一口回绝，认为老父能自己谋生，如果开了先河，以后就不能杜绝寄生活费这一事。

谷兰非常吃惊，更觉得丈夫无比陌生。她以为，丈夫对自己的孩子冷漠无情，不过是因为初为人父，没想到，他对自己的父母亦是这样漠然，言语之间，仿佛那只是两个无关紧要的人。这和谷兰截然相反，她一直认为，孝道是必须恪守的，父母生养之恩，大过于天，因此，父亲遭难，她甘愿以命换命，为父报仇。没想到，丈夫却是这样一个人，他连对自己的孩子、父亲都没有爱心，又谈何为一个从未谋面的岳父舍命去报仇呢？渐渐地，谷兰的心就冷了，也不再执着让施靖公为父亲报仇。

　　细数时光，她嫁给施靖公已经七年了，两个孩子，也都会跑会跳，而父亲，也已经过世十年。回忆起当年在父亲灵前立下的重誓，回想这些年她为报仇兜兜转转，虽然报仇的心志依然存在，却一无所获，毫无进展，而施靖公，又显然还是所托非人。两年前，弟弟从日本学成归国，给她带回来一把匕首，说要自己亲手杀了孙传芳，给父亲报仇，她见信之后，急忙跟弟弟说，让他安心工作，报仇的事情还有姐姐和姐夫，不需要他担忧。

　　而今想起来，通通都觉得可笑。眼前这个人，难道真能给父亲报仇吗？即使她已经和他做了七年的夫妻，即使他们已经有了两个孩子，但谷兰有时候依旧觉得这是个陌生人，开口闭口谈的都是钱，事业上也一心钻营，不走正道，虽然当上了个旅长，她心底却仍然瞧不起他。她敬佩的是义薄云天，为家为国的坦荡君子，却不曾想到，当年月下看似光明磊落的年轻人，竟然满腹腐朽。

　　不能，她不能再等下去了。红颜枯骨，英雄黄土，她还要让父亲等待多久呢？十年，弹指一瞬，一生，也不过弹指一挥。她不能，再等下去了，即使只有她孤身一人，也该挺身而出，面对这忧心忡忡的命运了。

寂灭的空谷幽兰

看王家卫的《一代宗师》,很久都不能忘却章子怡的宫二,黝黑雪夜,隐隐是踏雪寻梅的倜傥,黑衣、黑发,如黑夜一样的黑,只为衬托一双寒星一样的眼,坚毅、沉静、千钧而无惧负重前行。宫二也叫宫若梅,这个倔强高傲的女子,当得起如此冷冽的名字,但据说,宫二的原型,原名叫施剑翘。

而施剑翘,原名叫施谷兰。

其实不难想象,从柔弱清幽的兰花,化作寒芒闪烁的出鞘剑,必然经历了一场巨大的波澜。在那场旁人无法感受的波澜里,那朵兰花,轻轻地,轻轻地,枯萎了,仿佛瞬息消逝的流光,仿佛触手碎裂的水月。

在决定实施为父报仇计划的那天晚上,谷兰提笔,墨色驰骋,一泻千里,她写的是南唐李煜的《虞美人》:

春花秋月何时了,往事知多少!小楼昨夜又东风,故国不堪回首月明中。

雕栏玉砌应犹在,只是朱颜改。问君能有多少愁?恰似一江春水向东流。

施靖公下班回家，在桌子上发现了妻子写的《虞美人》，忽然间，就有些心虚。他也记得当年自己信誓旦旦，记得谷兰嫁给他当妻子的因由，记得这些年她始终念念不忘报仇一事。七年夫妇，他还是知道她写下这阕词的用意的。

　　只是……他沉吟片刻，决定用柔情蜜意行缓兵之计。这夜，施靖公难得和颜悦色，伏低做小说："这些年，你和孩子们受苦了，但是你看，咱们家的情形不是一天天在好转起来嘛，等到阎老总回来，我一定好好努力，让你和孩子们过上好日子。"花言巧语谁不会说，谷兰不为所动，只说："人活在世上，不能只想着自己享福，谁都是人生父母养的。"

　　施靖公其实知道谷兰的用意，但他只当作不晓得，却说谷兰想要给家里老父寄钱的事情都由她。谷兰摇摇头："你知道我说的不仅是这个。"她目光灼灼，盯着施靖公，好像是用尽了最后的热切，"我们成婚也已经七年了，大利今年五岁了，二利也两岁了。当初你说要为我父亲报仇，不知道你还记不记得，你常说，君子报仇，十年不晚，父亲遇害已经快十年了，你准备如何践诺呢？"

　　施靖公不免语塞。

　　这七年里，如果说他片刻也没有想过报仇这事，那是假的。当年出于一时义愤脱口而出的誓言，当时未必作假，可毕竟时过境迁。他也考虑过刺杀孙传芳，一方面可以对谷兰有个交代，另一方面也能得到广大舆论的支持——孙传芳这些旧军阀，早已天怒人怨。只是想想容易，实施起来却很难。几年前，张宗昌死于郑继成的刺杀行动里。刺杀行动看似成功了，背后却相当复杂，表面上是郑继成为了给死在张宗昌手里的父亲郑金声报仇，实则也有韩复榘等人的推波助澜，甚至郑继成刺杀张宗昌时，韩复榘还派去了十几名枪手帮忙，这才成功杀死了张宗昌。

说起来，孙传芳的实力大大超过了张宗昌，杀张宗昌就已经那样艰难，更何况是刺杀孙传芳。说心里话，他施靖公不过是一个小小旅长，就算买凶杀人，成功了且不论，若是失败，不知要赔进去多少。他现在有妻有子，有事业有前途，为岳父报仇之心早已淡化，他也舍不下自己一条命，舍不下现今的平静生活。

想到这里，他不禁道："那些不过是七年前的旧话了。你又何必旧事重提，这几年我浮浮沉沉你又不是不明白，报仇谈何容易，现在我们还有两个儿子，你一意孤行让我报仇。若是我有个三长两短，丢下你们孤儿寡母却如何是好。再说了，这年头，谁打仗不死几个人，要是一个个都像你一样去报仇，那还得了。"

话说到这里，已是摆明了态度。谷兰气得手指发抖，怒道："你这是强词夺理！当年是你发誓要替我报仇，我才以身相许，现如今你就给我这样的话？从前你是怎么指责施中诚的，现在你自己要当下一个施中诚不是？你要是说话不算话，欺骗我们施家，早知如此又何必当初，你这样比施中诚更卑鄙无耻，就是一个伪君子！"

施靖公被说中心事，亦是大怒："说我无耻，莫非你们施家不无耻吗？明明有儿子，却把报仇这样大的事情都压在我身上，我顶多算是个女婿，也有父母，有儿子，为什么只让我一个人去送死。一日夫妻百日恩，你就不能为儿子、为我想想吗？"

何其可悲。谷兰低下头，眼睛里的光芒终于熄灭，宛如不再生起的烛火，她也不再对施靖公抱有任何期待。事到如今，她才知道自己究竟犯了一个多大的错误，早先，她将所有希望都寄托在堂兄身上，百般信赖，最终却发现都是错付。后来，她又轻信施靖公，将婚姻当作货物，交换来的不过是又一场骗局，又一番谎言。多么可笑，多么悲哀，一次又一次，她和施家的心心念念，万般期待，原来都活在别人的利用里。

血亲不可信，夫君不可信，世界上还有什么是可以信赖的？谷兰木然坐在椅子上，从心如刀绞到心如死灰，从天黑坐到了天明，只觉得这七年，茫茫然都是大梦一场。她情愿自己还是那个耽搁在自己爱恨情仇里的小小少女，天不管，地不管，凡事与她都不过露水情缘。

可惜，开弓没有回头箭。她总是这样，一次一次地信错人，第一次，赔了父亲用死换来的高官厚禄；第二次，错付了自己的婚姻。她很快明白过来，现在她唯一能够做的，不过是不要再一错再错。她付出了这样惨痛的代价，才终于明白，世界上没有任何人可以托付所有，恣意依赖，只有自己才能给予自己最想要的东西，不管那是什么。

次日，施靖公为了缓和夫妻之间的矛盾，出门去请郭宗汾夫妇。虽然他有愧在先，却不愿意这个家就这样散了。他想来想去，谷兰在太原最敬重的也就是郭宗汾夫妇了，若是能得他们一两句劝，说不定这件事也就盖过去了。说到底，他终究是不了解谷兰的。

那日，谷兰见他出去，就留书一封，带着两个儿子，典当了自己最后的金镯子，当即买了车票返回天津。她离去得悄无声息，谁也没有看出破绽，甚至佣人柳妈也只是以为夫人出去买东西。

没想到，她早就打定了主意，要从头再来。所以这个人，这个家，这七年，她是准备彻底埋葬了。

当施靖公请来了郭宗汾夫妇，回到家里时，等待他的只有谷兰的一封信，他展开一看，脸色惨白，几乎昏厥过去。信上，一字一句，如寒冰，如碎玉，与君长诀，今生今世再不相见，这就是谷兰的去意。

靖公：

是你为我报仇的誓言，把我们结合在一起的。现在，你自食其言，出尔反尔，我们之间再也没有共同生活的基础。孩子我带回娘家去，你的东西，你的钱，我纹丝未动。我典当了陪嫁的金镯，买车票回津。

你如此绝情绝义，足证你我夫妻缘分已尽。今后，咱们之间一刀两断，你可以自由地安排生活。

施谷兰

施靖公颤抖着把纸条翻过来，后面也有几句话，说的是他家里还有两箱她陪嫁的衣物，希望他过几天把东西寄过来。寥寥数语，夫妻情分自此断绝。他这时候才明白，她是有主见、要强的女子，一旦下定决心，不论是谁都无法挽留——她本来就不爱他，不过是敬他信他，心甘情愿地为他当家庭主妇，现在撕破脸，知道他不会为她报仇，她也就没必要再留下来了。

他手一抖，纸片轻飘飘落下，仿佛是他们再也回不去的过去，在漠然告别。

很难说，施靖公是否后悔自己一时的贪生怕死。后来，他多次写信想挽回，谷兰却不置一词。甚至，在谷兰刺杀孙传芳入狱后，施靖公还千里迢迢亲自去探望，她依旧拒而不见。在她心里，写下与君诀别的书信，这个曾经的枕边人，就已经彻底跟她毫无瓜葛了，比萍水相逢更陌生，比擦肩而过更遥远。很多年后，时代换了一个模样，他们都双双老去，接受了解放教育的施靖公，很多次跟组织上反映，想要跟她复合，她却从未有过反应，而他死后，组织上将他的遗物寄给她，她亦是原封不动地退回去。

那是很久很久以后的怅然，回转此时，这朵空谷幽兰，终究凋落在一次次的伤心绝望里。随之涅槃的是冷利尖锐的剑，刺破苍穹，刺向血色朦胧，一曲慷慨高歌，即将上场。

第四章
蜕变·
以痛淬炼，拔剑问青天

浴火重生，剑已出鞘

对大多数女人来说，幸福婚姻是生命的另一种呈现方式。它在让人感受到亲情与爱情交融的同时，也能为女人提供温暖的依靠和归宿。而当婚姻离开幸福的港湾，堕入痛苦交织的迷网的时候，那种勉强维持感情的持续就成为了生活的负累，人生的羁绊。

对于错误，并不是所有人都有纠正的勇气。面对曾经挚爱的人，也并不是每个人都能放下过去，重新开始。所以，回顾千百年来中国妇女的过往，苦守着已然凋零的婚姻之花，依靠单纯的想象和过气的誓言勉强在婚姻中坚持成了封建社会里大多数女人的选择。委曲求全的成全表面上维系了家庭的稳定，实际上却没能改善尴尬难堪的生活窘态，近乎痴情的等候换来的只是对方变本加厉和愈发如履薄冰的现实体验。

在以夫为纲的固有模式里，能逃脱的女性并不多见，这种需要勇气和胆量支撑的壮举对于身居深闺的女儿们来说的确有些为难。重新找到一份强烈的渴望或许是转换心境的有益方式，但平静如常的生活里，找到新的支撑又谈何容易。

曾经对婚姻的渴望和希冀让谷兰稍稍放下了报仇的热烈，当爱情和誓言不再值得留恋的时候，谷兰原本的执念被再一次提上了心境。

　　心绪转换的心路历程让我们没有办法复制，但谷兰用执着的愤怒代替对婚姻的失望却并不难理解。为了让自己更加靠近心中的执念，离开施靖公的谷兰首先的选择便是重新回到家乡，以此为下一步的报仇计划做准备。

　　从太原到天津的路程遥远却执着，汽笛声伴着铁轨的节奏在山川河流间留下归心似箭的决心。大利和二利安静地睡在身边，毅然离开家的谷兰，心在爱与恨之间交织着。面对孩子，她的母爱如同江水一般，源源不断，绵延不绝，她是多么希望自己能长久地陪在他们身边，为他们遮风挡雨，陪伴他们茁壮成长；面对过世的父亲，谷兰心中在恨意的支撑下又是一番与仇人厮杀到底，同归于尽的决心。

　　很难想象这两种心境在一个女子身上是如何交织融会的，但谷兰的这种情感体验却真真切切地存在着。两股情感的热烈，让她包含温情的泪，也让她心如钢铁。她想要在报仇成功的时候，保全孩子与自己的天伦之乐，但如此美满的结局，又怎是渴望即可得到的呢？

　　想到这儿，谷兰不得不改变自己早先的想法。原本她打算进家门的时候不同母亲过分地渲染婚姻的不幸，也不想过多地透露自己打算报仇的计划。但为了两个孩子，也为了母亲能有足够的心理准备，她还是决定如实相告。

　　老宅子里，阳光如儿时一般洒落在庭院四周。错落有致的砖瓦上，微微泛着绿色的青苔，带着些许湿润在阳光下闪着微光。母亲董氏如往常一般坐在内院门口安详地忙着手里的活计。眼前的这一幕映入眼帘的时候,谷兰那颗在婚姻中饱受折磨和摧残的心一下充满了温馨的暖流。那种年幼时在母亲膝下跑跳的喜悦事隔多年后仿佛再一次回到了心中。

如果不是孩子们的呼唤,谷兰或许会在这样的温情画面里停留许久。她的迟疑和犹豫,和她不愿意再向前的脚步都是因为这一刻的难能可贵。

母亲手里的活还在继续,两声稚嫩的童言让她的思绪不由得转到了门外。她有些吃惊,仔细辨认后才大胆地确定是自己远在山西的女儿和两个可爱的小孙子回来了。

她大喜过望,迅速放下手上的东西后,赶忙跑到门口迎接谷兰母子。谷兰看着母亲朝自己走来的身影,眼睛因为思念有些湿润,但她知道在她讲出更为重要的决定之前,眼泪是绝对不能流出眼眶的。

母亲满是皱纹的脸上绽放出了慈祥的笑意,高兴得不知道该做些什么才好。她抚摸着小孙子的头,忙不迭地询问着女儿的近况。

怎么回来了?

路上吃饭了吗?

靖公为什么没有一起回来?

事先怎么没写信?

是不是家里遇上了什么难事?

一系列的询问让谷兰有些招架不住,她随便应付了几句,便牵着孩子一同进了屋。母亲满脸欢喜地接过谷兰的行李,又赶忙张罗起谷兰母子三人的饭食。

谷兰见母亲如此殷切,心中方才笃定的念想有些犹疑了。她不想刚见面便立刻破坏母亲见到自己与孩子们的好心境，想来想去，只好编出回来是想与从日本归国的弟弟相见的谎言。

然而，知子莫若母，谷兰说谎时不经意流露出的表情却早已被母亲看在眼里。当着孩子的面不好说什么，母亲也没有继续追问，等到孩子们吃过饭食躺到屋里休息的时候，母亲才与谷兰敞开心扉畅谈。

面对母亲认真的询问，谷兰不再以谎言相对，多年来婚姻的问题和施靖公唯利是图的行径在谷兰酣畅淋漓的描述中得以重现。听完女儿的遭遇，母亲的心不由得揪到了一起。当年，她曾经反对女儿与施靖公的结合，但当时沉溺在爱情里的姑娘却并没有意识到问题的严重性。如今，现实如同她最初设想的一样出现了令人心痛的局面，母亲除了对女儿当年不听话的行径充满懊恼外，更多的是对她的不幸感到心疼。

好在，此时的谷兰早已脱离了家庭的魔掌，一切虽然没能在最开始的时候加以阻止，但能及时逃脱也是万幸之事。想到这儿，母亲揪着的心稍稍放松了些。

但，随着聊天的深入，谷兰接下来说出的计划却让母亲感受到更为强烈的窒息感。

当年，丈夫的离世让她尝尽了离别的痛苦，冤屈和仇恨曾一度成为她生存下去的依托。但随着儿女们的长大，那股不忿和报仇的心情早已没有之前那么强烈，她开始用缓和的思念祭奠失去的人，以此为自己和孩子们的生活找寻最平安的出路。

军阀混战，风云变幻，当年的孙传芳早已成了政治旋涡里最叱咤风云的人物之一。和帮派头子相比，他的身边或许没有武艺高强的侠客做保镖，但那些穿着军装，手执长枪的士兵却更具有刽子手的本质。

　　暴尸街头的仇恨需要大快人心的报复才能缓解，但平静的生活和鲜活的生命却会因为愤怒中的屠杀而戛然而止。倘若只是孑然一身，母亲可能早已同那帮杀害丈夫的仇敌同归于尽，但萦绕膝下的孩子们却使她不得不向仇恨妥协。

　　面对谷兰重新燃烧的报仇之火，母亲本能地想要阻止，因为她不希望再失去女儿，更不希望年幼的孙子们因为谷兰的报仇而再次陷入仇恨的轮回。

　　她轻轻拍着谷兰的肩膀，将自己多年来的想法告诉了女儿。在母亲捎带呜咽的声音里，谷兰明白了母亲的心思。已然过去十年的仇恨她再也不想提起，任何与政治相关的事情她更不想沾染半分。对她来说，仇恨是天伦之乐的天敌，只要想着这件事情，内心就会始终充满焦躁和愤怒，就会让原本平静的心再也没有了静止的可能。

　　母亲的手还在自己的背上摩挲着，谷兰坚决如铁的心在熟悉而又慈祥的声音里开始有了消融的迹象。对于她而言，孝道的定义便是让母亲喜乐太平，若因为一意孤行让白发苍苍的母亲劳心费力，自己也不能算真正尽到了女儿的职责。

　　那一刻，她突然觉得或许放弃报仇是正确的，因为这样至少能让在世的母亲平安喜乐地度过余下的人生时光。然而，在她抬起头，打算答应母亲的请求时，眼睛里父亲曾经的教导和父女之间其乐融融的过往却历历在目。

　　同样的房屋，同样的环境，父亲当年就是在这里教导自己读书做人的道理的。正直的品质在谆谆教导里得以生长，硬朗坚毅的性格也因为父亲的缘故成为谷兰固有的品质。母亲的眼泪和忧心她不能拒绝，但父亲离世时的屈辱和伤痛却不能磨灭。

父亲、母亲、孩子，这三个不同身份的角色虽然站在不同的时间节点，但至亲的血缘关系都让谷兰难以割舍。为了父亲，她毅然选择了报仇的道路，为了孩子，她不远千里将他们送到最安全的家中，而为了母亲，她选择了宽慰与隐瞒。

当着母亲的面许下不再报仇的话语并不是难事，但真正让谷兰放弃这样的作为却并不简单。看上去，她的行为有"阳奉阴违"的嫌疑，但真正深入她的内心却不难发现，她的多面性恰恰是因为她对母亲和父亲的爱分量相同。

为了不引起母亲的怀疑，谷兰尽量抽空与母亲和孩子们在院中共享天伦之乐，一旦有机会她便抽身出去，为报仇的计划做准备。

为父报仇，必定有很长的路要走。虽然最终的场面可能只是枪响人亡的短暂瞬间，但之前的准备环节却十分烦琐，并且必须万无一失。而和枪支获取、逃跑路线等一系列关键性问题相比，最初困扰谷兰的并不是报仇该如何进行，而是该如何解放双脚的问题。

作为清末出生的姑娘，谷兰不可避免地成为"三寸金莲"的受害者。20岁前，谷兰的生活如同一张清新秀丽的画作，并没有多少暗黑的色彩，因此，缠上小脚找个好人家成了她最重要的人生命题。母亲为自己缠上小脚时，虽然谷兰也曾有所反感，但身边的女子都如此做了，她自然也没有例外的道理。但20岁以后，一切都改变了。

曾经，她将报仇的希望放在丈夫的身上，小脚的不方便也无从谈起，但当她真正想要依靠自己的能力为父报仇的时候，这双跑不动路的脚就成了所有事情的禁锢。

很多次，谷兰经过西洋医生开办的诊所都想把自己的双脚解放出来，但没有足够的动力，谷兰的内心还是被钻心的痛打败了。如今，谷兰早已做好了慷慨赴死的准备，那些存在于脚上的疼痛又如何能成为她继续下去的阻拦呢。

终于，在母亲和孩子们上街采办货物的一天，谷兰鼓起勇气，推开了久久徘徊的诊所大门。医生对这位少有的敢于纠正自己脚型的客人自然呵护有加，几番安慰后，正式的治疗终于开始了。和先前从医生这里听到的尽管放心的说法不同，整个治疗过程不但费用昂贵，修正过程也疼痛难忍。

当年为了世俗人眼中的美，谷兰曾经遭受了骨骼弓弯的缠脚之痛，如今为了心中报仇信念，谷兰又重新经历了骨骼与皮肉重生的疼痛。人生如此兜兜转转回到了原地，对别人来说可能会成为沮丧的理由和发泄的由头，但谷兰却并没有因为身体上的疼痛而放弃心中的信念。

按照医生的嘱咐，谷兰在治疗过程中每五天就要做一次手术。在新思潮与中国传统文化碰撞的年代里，解开小脚解放自己一夜之间成了很多旧式女性的选择，但这其中能不畏疼痛，并坚持到底的女人却寥寥无几。

每一次，医生总会将谷兰的脚撑开，那种钻心的疼痛伴着皮肉脱落的惨不忍睹都会让医生唏嘘不已。他暗暗地想，经过了这一次，这个已逾中年的女人应该就不会再来了。谁知，五天后，这个女人却又一次准时而又满脸坚定地到诊所中进行新一轮的治疗。

谷兰这样坚定的行为在医生眼里似乎是不可理解的,他知道裹足的过程,骨骼的扭曲是怎样违背天性,令人痛楚。而治疗的那种痛,同样钻心,如若没有十足的毅力和承受力,没有人可以坚持下去。

　　但谷兰自己却清楚明白得很。报仇的日子不好过,计划和行动要落到实处更要经历现实的考验和各种问题的阻拦。这些困难,毋庸置疑地会给坚决的信心带来不可避免的沮丧,但谷兰却深知这种历练的客观性和重要性。

　　放开双足,对于女子而言意味着莫大的痛苦。如小小的年岁里,层层裹脚布所带来的钻心疼痛。谷兰忽然觉得,这好像成为了她人生的某种仪式,仿佛解放的不只是一双脚,还有那颗多年来快要窒息,一直在寻找出口的内心。

　　原本清淡的日子因为谷兰的计划开始有了匆忙的迹象,谷兰的心神在喜悦和谨慎中交替着,她开怀地享受着家庭带来的幸福,也认真地为自己的行动思考、筹谋。内心强大的仇恨支撑着她的意识,但真正实施时的考验却更加锻炼了她的意志力。

　　从婚姻的不幸中超脱的谷兰虽然在报仇的计划中没能一帆风顺,但她却没有气馁,更没有绝望。她在不断解决问题的过程里成熟了心智,更在不断思考和纠正中掌握了报仇技巧。这样的品质看似平常,却给身为女子的谷兰带来了前所未有的勇气,也让她执行行动的能力得到了提拔和飞升。

　　于是,一场悄无声息却关乎恩怨的决斗,在谷兰回到天津以后,缓缓拉开了帷幕。

暗夜里的寂寞光明

回顾文学历史上不朽的名作，各种报仇的主题总能成为令人津津乐道的题材，虽然曾经的委屈让人备受煎熬，但故事高潮时恶者罪有应得的惩罚总是能让读者感受到酣畅淋漓的快感。这份来自罪恶下场的愉悦并非因为人们天生嗜血，相反，它正是人们心中所坚守的正义的延续，也是深藏于人心的关于良知的呼唤。

然而，当人们为舞台上正义战胜邪恶的解决拍手称快的时候，现实中报仇的路却并没有想象中容易，而谷兰毅然的决心背后自然也没有戏剧化的情节可以转折。

没有办法放开脚步走路，谷兰就只能找西洋医生为自己做手术解开缠在脚上的绷带。没有孙传芳的下落，她就只能找来一整年的报纸，一行一行地查找，没有孙传芳的照片，她则采购了整个天津城的废弃照片，企图在其中找到仇人的蛛丝马迹。

对于有组织、有团体的帮会来说，找一个人报仇并不算难事，因为分布在各处的小厮与伙计除了能为帮主找寻有用的资源，更能充当他们的眼线，为其提供最真实、最有价值的人员信息。即便是天津城里最名不见经传的小人物，他们也能掘地三尺将他挖出来，交由上峰处理。

这一点，独自一人的施谷兰却完全做不到。

曾经父亲的名望让谷兰生活无忧，如今，谷兰却只能算是天津城内一个普通得不能再普通的老百姓。无钱无权的她没有能力供养眼线，更没有能力召集足够多的人手为报仇的事情做参谋，从一开始，谷兰能选择的就只有这条孤军奋战的路。

母亲的担忧让谷兰不能光明正大去寻找有益的线索，她只能抽出精力去自己思索研究，没有自由的空间去大肆追查。但这并不意味着事情的终止或是停滞。事实上，谷兰也不允许这件事被任何理由所阻止和拖延。为了这幕报仇大戏的高潮部分能顺利演出，为了心中念念不忘的一种情结，谷兰愿意等待。而在时机还未到的日子里，她也只能耐着性子，从最基础的环节做起，而后才一点点的累积，一步步的筹谋。

十年前，父亲遇害的时候，谷兰并不在现场，她没能及时阻止悲剧的发生，也自然没能见到仇人的模样。刚从清朝脱胎出来的民国时期，虽然军阀混战，但人口却并没有因此而锐减。想要在四万万中国人中找到一个曾经显赫一时如今却已然下野的军阀头子似乎并没有太大的难度，但对于毫无消息来源的谷兰来说，连确认孙传芳长相的过程都困难重重。

放开小脚的时间里，谷兰按照医生的嘱咐在家中休养，闲来无事，她将天津城近一年来的报纸统统购买了过来，并逐字逐句地查找"孙传芳"三个字。按照常理，这个当年叱咤风云的人物定然会成为新闻报道的宠儿，关于他的消息哪怕不是铺天盖地，也自然会有零星半点。但事与愿违，当谷兰将所有的报纸都读完的时候，仇人的名字却竟然没有出现。

一时间，谷兰没有了方向。想要报仇，却连对方的样子都不知道，整个计划的实施，仿佛变成了天方夜谭。完成一件大事，如果要分解成若干步骤，那么连最基础的这一关，都始终没有突破。这一点，让谷兰十分焦急。

如大海捞针一样排查打听？谷兰并不是没有想过，但搜索持续的时间有多长却没有定论。距离父亲的离世已经过去了十年，若再花十年的时间寻找孙传芳，到那时仇人是否在世恐怕都无法保证。由此可见，地毯式搜索的方式不可取。那么，该如何才能将寻人的范围缩小呢？施谷兰思前想后，她忽然想到了——照片。

在拍照还是一件新鲜事物的年代里，拍一张单人照并不是所有普通人都能办到的。生活贫困的普通人家没有多余的资金留住时光，所以多半没能留下时间的印记，能想到拍照留念的，大多是生活富裕追求时髦的人家，而这其中自然一定会包括"过气"大帅孙传芳。

作为曾经称霸一方的军阀，孙传芳的销声匿迹给谷兰的寻找带来了很大的困难，但这样的人物终究不甘平淡。在这个耳熟能详的名字淡出外界视野的时候，一些关乎国家利益的勾当和交易以不为人察觉的方式进行着。

1930年，张学良对蒋介石的支持改变了整个中国的局势，孙传芳见局势不妙，连夜逃往天津之后与自己在日本东京陆军士官学校的故友，即日本屯军高级参谋土肥原联系上，企图通过日本侵略军让自己的地位和势力重回巅峰。日本人见孙传芳着急成为利益既得者，便不假思索地同意了孙传芳的请求，并从此成为了他新一轮发展的"靠山"。

面对国土沦丧，曾经豪言壮语的孙传芳成了利益驱动下的卖国贼，虽然他对自己的信条笃信不疑，但面对成千上万的爱国民众，他依然心有余悸。担心自己某一天会被爱国分子刺杀，孙传芳自从登上了日本人的贼船后，就再也不敢抛头露面，尽管他在天津租界仍然占据了重要的势力，但社会上的人们却再也没有听到任何一条关于他的消息，照相馆里也不再保留他曾经留下的照片。

正因为这个原因，在谷兰收购了几乎整个天津的旧照片后，她仍然未能发现杀父仇人的踪迹，哪怕只是陈年旧照，她也未曾翻到一幅，更不用说见到他如今的模样。这一点，大大超出了谷兰的想象。想要报仇，杀父仇人的模样却不得而知，这样的境遇说出去简直如同笑话一般，又怎能不让人心寒。

不过，谷兰并不打算放弃，她觉得只要是孙传芳待过的城市，即便他人走茶凉了，也定然有蛛丝马迹可以寻得关于他长相的线索。于是，她改变了单在照相馆获取图片的方法，直接走到大街上，将所有可能出现照片的摊点都巡上一遍。

终于，功夫不负有心人，谷兰最终在一个落魄得不起眼的算命摊上拿到了这位曾经的大帅的照片。

谷兰大喜过望，将手上的照片翻来覆去地看了一遍又一遍，以此让自己深深地记住仇人的模样。但看了几遍后，谷兰便觉得这照片有些不对劲。虽说照片上的人确实是孙传芳，但拍照的时间却是二十年前，即便变化再小的人也早已青丝变白发，更别说是现在已然脱下军装的孙传芳。

于是，谷兰翻开母亲房间里的旧箱子，将身边已然上了年纪的亲人的照片与现实模样做比对，期望获得长相随年月变化的规律。但微妙无比的人脸变化又岂是几张照片便能总结出来的。

时过境迁的悲哀让谷兰的情绪低落到了极点,母亲虽然得到了女儿不再报仇的口头应答,但内心仍然有所顾忌。尤其在看到女儿连续几日情绪低落后,她原本放下的心一下竟又提了起来。

夜深人静时,母亲看着烛光下呆坐着的女儿,内心的疑惑升腾起来。她缓缓走过去,耐心地询问谷兰最近的情况,更询问她是不是又在为报仇做准备。多日的查找无果让谷兰的心早已疲惫不堪,对母亲的隐瞒让她倍感吃力。她用尽全力将自己的心情调整好,而后从脸庞挤出一个微笑,用平静无常的语气给了母亲否定的回答。

此刻,大利和二利正在房里睡觉,谷兰生怕将孩子吵醒,尽量将声音压低。母亲明白谷兰的用心,知道她同自己一样不希望下一代也卷入无休止的恩怨中。她轻叹一口气,将心中对孩子的希望吐露了出来。谷兰听得母亲的话,内心甚是感激。

在下定报仇的决心之前,谷兰最担心的便是两个孩子的归宿,离开家后,她更是希望母亲所在的宅子能成为孩子们一辈子喜乐无忧的所在。今夜,母亲将她内心深处与自己不谋而合的想法说出来,谷兰的心自然轻松了许多。她知道,即便母亲对自己的报仇行动如此不支持,但母亲对孩子们的爱却能让她成为这世上最可靠、最值得信赖的托孤之人。

想到这儿,谷兰内心的阴霾稍稍散开了些,思绪也在心情转好的瞬间有了好转。只一瞬,又一个寻找孙传芳的念头忽地蹿上了她的心头。

在离开施靖公后,谷兰便带着孩子们回到天津居住。虽然如今的家世已经不如从前那般富裕，但给孩子们找个不错的学校就读却仍然不在话下。来这里两个月后，孩子们就在租界的学校里混得十分熟络了，每日回家，孩子们除了讲述老师们的各种指示，剩下的便是同班同学或是同年级同学的趣闻逸事。

作为天津城里为数不多的好学校，大利和二利就读的学校里各路名流的孩子定然也不在少数。倘若能通过孩子这条线，找到孙传芳的后代，那自然可以顺藤摸瓜地找到孙传芳的下落。

想到这儿，谷兰的心豁然开朗。原本她还想着明日孩子们起床时再询问一番，但内心的渴望和激动却让她等不到明日。在伺候母亲睡下，她便迫不及待走到孩子们的床头，激动地将孩子们叫醒，急急询问有关同学的具体情况。

夜已深，孩子们迷迷糊糊被叫醒，一脸困惑。这种状态下，精神状态并不算很灵光。看着孩子们疑惑的神情，谷兰也意识到了自己的唐突，知道自己的质询有些不经思考，但事情重大，她只能用耐心来解决孩子们回答不清晰的难题了。

经过一番质询，渐渐清醒的大利终于说出了自己班上有个姓孙的小姑娘，名字叫孙家敏。谷兰想进一步了解关于这个孙家敏的情况，但大利只知道她每日都乘坐专车到学校，下了学也有固定的人接送上车，因此，对孙家敏的父亲是谁自然没有概念。

有专车接送，又姓孙。谷兰的心里燃起一丝希望。起码现在的条件来看，符合判断的可能性是十分大的。

只是，心中千军万马的谷兰思绪还在翻腾，孩子们却趁着这样的空当翻过身再次睡着了。才停下思绪打算再次询问的谷兰见孩子们如此疲倦，心中的愧疚与疼爱自是油然而生。想着孩子们实在也没什么知道的了，谷兰决定第二天前往孩子们所在的学校亲自询问。

考虑到自己不是大富大贵的名人，也不属于名气显赫的家族，谷兰不敢惊动学校校长，只在教学楼找到了两个暑假留下来值班的老师打听情况。她走上前去，用愉悦而亲切的声音告诉值班老师，自己打听孙家敏的情况是因为自家儿子与其关系甚好，因此打算放假的时候到孙家敏家中做客。

两位老师听完谷兰的话，原先还有些犹疑的脸色一下被和蔼所取代。他们面带微笑，一副"你竟不知"的模样得意地告诉了谷兰——孙家敏的父亲正是孙传芳。

这一听，可把谷兰高兴坏了！这是她一直等待的答案。

古诗云，"踏破铁鞋无觅处，得来全不费工夫"，对谷兰来说，先前的查找历尽艰苦却没有得到满意的结果，如今这一番有心无意的查探却将自己最想知道的消息探听了出来。

"法租界二十三号路西头"，这是一个谷兰反复念叨，生怕一不小心就忘记的地址。这里，不但居住着大利的同班同学，更居住着谷兰终生难忘的仇人。在离开天津多年后，谷兰终于因为儿子的缘故找到了孙传芳的下落。

如此巧合仿佛是上天的刻意安排，也仿佛是冥冥中父亲的相助。谷兰感谢上天的恩赐，也感谢父亲在天之灵的保佑。如果说，这一切是因果轮回的话可能宗教的色彩太过浓重，但无论如何，谷兰能再一次与仇人狭路相逢却印证了一个道理，那便是——多行不义必自毙。

路，那么远

在中国的固定搭配里，女人与胭脂或是首饰的搭配，就像男人与骏马、宝剑的组合一样，虽然毫无新意可言，却终究最符合世俗人的眼光。

民国时，东西方文化碰撞的火花里，人们对事物的追求不再仅仅局限于封建社会残留下来的规矩。洋装、洋片、西餐等事物的传入在给中国人提供更多选择的同时也将男人与女人各自的搭配做了极大的扩充。

这个时候，男人的骏马开始变成了汽车，出鞘的宝剑也开始被手枪所取代，而女人除了沉浸在胭脂首饰里，更多的便是与卷发、洋装等一系列舶来品相濡以沫。

于是，在讲述民国时期故事的影视剧里，我们都能看到身穿洋装的女人在街上四处张扬，也能看到男人们开着汽车到处威风；能看到手持勃朗宁在暗夜执行刺杀任务的男子，也能看到在月光下读书写字的女人。

这些场面，虽然大部分还原了百年前中国的场景，但有一部分却仍然没能覆盖那个年代的全部景象，因为这些场面都是基于常规思路完成的假设，现实中却真实存在着与个人想法不同的组合。而这其中,正包括了手执枪支在暗夜里刺杀仇人的女英雄施剑翘。

找到了仇人的住所,谷兰报仇计划的第一步顺利地迈了出去。每天,谷兰都会趁着母亲不注意的时候找各种理由往法租界跑,只要一有时间,她就会在二十三号路久久徘徊,以期与孙传芳来一次"不期而遇"的碰面。但是,孙传芳的迟迟不现身,让谷兰的计划再次受到了挫折。

是情报不准吗?不可能。且不说孩子不会说谎,单学校里那两位告知自己孙家敏的父亲即是孙传芳的老师也没有欺瞒的必要。所以,尽管自己没在二十三号这座宅子见过孙传芳,但可以肯定,这里必然与他有着密切的关系。

那么,到底是什么原因让这个宅子的主人从来没有在家附近出现过呢?谷兰心中充满疑惑,思量半日没有结果后,终于决定亲自到这宅子里看一看。

为了找到合适的理由进入这所宅子,谷兰开始在报纸上留意相关的新闻报道,甚至连广告都不放过。终于,在一个晴朗的午后,她找到了一条"法租界二十三号招租"的新闻。于是,她找来闲置多年的华丽衣裳和金银首饰,将自己细细打扮了一番后,以某位富商阔太太的身份前往孙府一探究竟。

客观来讲,谷兰的出身并不算卑微。二十岁前,她的人生还没有出现重大变故的时候,富贵舒适的生活对她来说简直是命中注定的生命历程。当父亲被残酷杀害并暴尸街头的时候,谷兰的生活方式和生命历程也同样发生了变化。青春年少还涂脂抹粉的她,转瞬间成了一个与素衣白裳相伴的清冷女子。争奇斗艳的女人装束，或许能让她看起来精气十足，但内心的仇恨和委屈却并不能因此有所改变。

在人生意义的定义里，不同的答案自然拥有不同意义。有人觉得人生来就是要在别人的评价中度过，因此需要将最好的一面展示给别人；有人觉得人生本就在自己的手里，因此无须迎合任何人的目光。

前者说的是十里洋场里呼风唤雨的前呼后拥者，后者说的则是点燃心灯于漫漫尘世中寻求自我价值的独善其身之人。而谷兰自然毋庸置疑地属于后者。

长期的报仇欲望里，谷兰早已忘记了自己的女儿红妆，对她来说，珠光宝气里散发出的味道，虽然让人眼花缭乱，但终究无法弥补内心的空洞。因此，即便在婚姻前期她最快乐的那段时光里，她也不曾让自己高调招摇，花枝招展。但这并不意味着谷兰永恒地失去了妖娆与妩媚的权利。

为了借助招租的广告到孙家的宅院中探听情况，谷兰精心打扮了一番，竟是特别艳丽。原本就长得风姿绰约的她，在脂粉与旗袍的衬托下，一下风情万种，惹人怜爱。望着镜子里的自己，她感到既陌生又熟悉，有多少年，她没有对镜梳妆了。平常女儿家的乐趣与幸福，她竟然不知不觉失去了大半。

母亲对女儿的反常有些犹豫，谷兰很久没有这样打扮自己，让母亲觉得特别意外。面对母亲的疑问，谷兰微笑面对，随意撒了个谎，说自己要去参加一场聚会。

听到女儿这样说，母亲放心了不少。在她的记忆里，女儿曾经的无忧无虑的时光仍然历历在目。作为母亲，她希望女儿能永远快乐下去，永远平安喜乐，但突如其来的家庭变故却让她的这个愿望彻底没有了实现的可能。看着女儿清冷的模样，母亲不是不心疼，但她更知道女儿对父亲的情意和内心的执着。她不能不理解女儿的恨意，更开不了口让她忘了惨死的父亲。尽管她内心有诸多不情愿，但还是顺着女儿的意思，让她带着清冷的模样成为与世无争，孤芳自赏。

如今，女儿的转变让她重新看到了希望，若真如谷兰自己说的那样去重新与朋友们聚会玩闹，那先前生怕她自我封闭在仇恨中的担忧自然也能放下了。

母亲的支持，给谷兰的行动增添了不少方便，到孙宅看房子的时间也不用因为要避开母亲而选择在不甚合理的晚上或是凌晨。次日午后，谷兰便与广告上刊登的联系人联系，并在当天顺利地到达了孙宅接洽招租的事情。

由于穿着华丽，谷兰的到来受到了孙宅管家的热切欢迎，迎接他的赵副官也格外客气。谷兰虽是假扮艳丽，但早已固化在她生命里的优雅华贵的气质却让她的"演出"格外真实。不动声色间，谷兰与赵副官的聊天终于转到了孙传芳的身上。作为寻租者，谷兰自然要询问宅子主人的情况，赵副官因与谷兰聊得畅快，也不再顾忌，将孙传芳出租这间房子的缘由说了出来。

原来，孙传芳先前的确是住在这座宅院里的，但由于他孩子众多，大多数人又都成家立业，因此这房子渐渐空荡了许久。后来，孙传芳又在英租界二十号路买下了另一栋装修华丽的洋房，因此这栋房子便再无人光顾，招租也成了自然而然的事情。

听到这儿，谷兰豁然开朗。原来自己这么久以来没碰上孙传芳并不是因为情报有误，而是因为这位曾经的孙大帅现在已经不住在这所院子里了。这个消息，对谷兰来说有喜有忧，喜是因为自己先前探听的消息并没有出错，忧则是因为她一下又不知该如何找寻孙传芳了。

《聊斋志异》里，商三官为了替父报仇，女扮男装潜入戏班，成为名角后在仇人的寿宴上一举报仇雪恨，故事的酣畅淋漓让人拍手称快，却没能让谷兰开怀。为了父亲，谷兰并不怕受苦，即便要她真的扮成戏子也不在话下，但此时的她早已过了青年时代，中年的体型装扮成雍容华贵的阔太太尚可，若真的要成为婀娜多姿的戏子恐怕不但不像，还会招来仇人的怀疑，最终导致计划的失败。

因此，对谷兰来说，商三官的做法是不能仿效了，唯一能获得有用信息的途径还是要从大利的同学孙家敏身上着手。整整一个暑假，谷兰的计划都没有实质性的进展，为了抓紧将计划推进下去，新学期开学，谷兰就迫不及待地随着儿子大利一同前往学校参加了开学典礼。

为了接近孙家敏，谷兰拉着儿子坐到了这位富家小姐的旁边。小姑娘生性活泼，几句赞扬后，便高兴地将与谷兰分享自己和父母每周六都到戏院看戏的趣事。而这，正是谷兰最想听到的消息。

作为汉奸，孙传芳不敢在太多的场合公开露面，作为父亲，他却无法拒绝一个女儿的请求。谷兰笑着询问孙家敏平日里她同父母都看什么戏，孙家敏如实相告，说什么戏都看，只要好看，她同父亲母亲就一定会到现场捧场。

小女孩的回答虽然没有提供精确的信息，但能找到孙传芳出没的规律已经十分难得了。于是，在孙家敏的描述中，谷兰找到了那家孙传芳经常去的剧院，并定时到那里蹲点守望。又因为看戏不必坐班，观众来来往往本就是常事，所以谷兰使用了最传统也最保险的"守株待兔"的法子，整夜待在戏院的门口，一动不动地看着戏院门口出出进进的人群，生怕漏掉一丝有用的信息。

看着女儿开始到戏院，母亲也高兴了起来。为了让母亲对自己早出晚归的生活放心，谷兰有时也会买上两张尚小云的戏票，带着母亲一同去看。母亲本就是戏迷，一看戏便坐在座位上一动不动。谷兰看着母亲安稳地坐在座位上，稍有闲适便跑到戏院门口寻找孙传芳的身影。

如此的搜索持续了一个多月，谷兰依然没有看见孙传芳一家，但面对这样的结果，谷兰却并不气馁。

某天，谷兰又来到戏院门口，看着戏院门口高高张贴的《大家庭》的宣传。谷兰突然灵光一现，觉得这个第一次播放的大戏定然能招来喜欢看戏的孙传芳一家。

于是，她向售票员打听了首场演出的具体时间，并在演出开始的当晚准时到戏院门口守望。终于，曲终人散，演出结束后，戏院里三三两两的人开始陆续走出剧场。谷兰的眼睛几乎一动不动，直勾勾地盯着一拨又一拨的人群，希望在其中找到孙传芳。但等了许久，直到戏院门口的人寥寥无几，谷兰还是没能看见孙家人的身影。

她有些失落，但不甘心的心情更是占据了上风。她不相信自己的判断有误，更不相信自己的坚持会一直落空。她想了想，停住已然迈出的脚步，希望能有好的结果出现。果不其然，时间又过了许久，谷兰才从戏院门口看到了孙家敏和她身后的中年男子孙传芳。

一瞬间，谷兰的眼泪几乎要奔涌而出。等待了许久的人物在这一刻的现身让谷兰压抑了许久的悲痛和愤恨同时达到了顶峰。双脚已经不听使唤，她下意识地迈开步子，打算朝孙传芳跑去，而后用最简单粗暴的方式将仇人的性命结束。

才走了几步，她的理智便回归了大脑，她突然觉得自己莽撞得有些过分。虽然，孙传芳早已没了之前的名声，所属的军队也尽数散尽，但瘦死的骆驼比马大，不管怎么样他都还有日本人做靠山，身边也还围绕着副官、保镖等一些守卫人员。倘若真的放任自己跑上去厮杀一番，且不说孙传芳是否能毙命，自己的性命一定不能保全。

再者，冤有头债有主，此时的孙传芳身边还有妻儿环绕，若不小心伤害了无辜的孙家敏，那这样的一场报仇便会成为血腥的屠杀，最终也将失去了正义的定义。

想到这儿，谷兰对自己能保持最后一丝理性而感到庆幸。报仇的计划原本就不能操之过急，先前并不知道孙传芳的长相，如今知道了便是一大推进，若急于求成将问题扩大化，反倒会让计划的下一步走得更加艰难。

谷兰定了定心，用深邃的眼神再次看了看孙传芳的面容后，终于安心地离开了。回到家，谷兰盯着先前从算命摊上取回来的孙传芳的照片反复思量，想以此记住仇人的模样。随后的几日，她也不再到戏院，只穿着素衣留在家中反复盘算报仇计划的实施。

惨白的月光下，谷兰的心思回到了十年前父亲被害的那个夜晚。那时，她还年幼无知，报仇之事也无从谈起。如今，当她重新捡起当晚许下的报仇信念时，一切都有了实施的可能。

当年，父亲给自己取了谷兰的名字的时候，希望女儿能同山中幽兰一般不问风雨，孑然傲立。但世事难料，她无法放下父亲离世的惨剧，独自逍遥一生。如今的她，就如同一把出鞘的利剑一般，再不可能回头，那个孤傲却美丽的名字"谷兰"也再也没有存在的理由，更适合自己的名字恐怕早已变成了应景而生的"剑翘"二字。

心细如发的母亲见女儿又回到原来的模样，心中自然明白她在想什么。为了阻止女儿，她再一次劝阻起来。谷兰原本就因为计划实施无人商量而打算到长弟中杰那里聊一聊，正苦于无理由可说服母亲，老人家的一番劝告反倒给了她最好的托词："既然母亲不放心，那我便到弟弟家住几日。"

母亲知道孙传芳还在天津，谷兰若能离开那自然是最好的选择。于是，她不假思索地同意了谷兰的请求。而谷兰也因此轻而易举地得到了前往南京与弟弟商量大事的机会。

时间是一切的解药，这句话在谷兰心里并不成立。她心中的那簇火苗，从未熄灭。有些伤口时间并无法治愈，为了提醒自己，不要忘记疼痛，她情愿一次次撕开它，警惕忘却，警惕麻木。

一支勃朗宁手枪

在传统儒家文化的范畴里,家是一个不能忽略的元素。家是最小的国,国是千万家的交融关系里,家为每个人提供了最值得信赖的依靠的同时,还让理想有了在众人帮扶的情况下成真、实现的可能。

于是,上阵父子兵的说法成为了广为流传的名言,打虎亲兄弟的配置也成为千百年来中国人对家族团结一致最重要的命题。和友人相比,亲人之间的合作常常具有得天独厚的优势,天生的信赖让合作者不用再为出卖或者背叛而担忧,在事情推进过程中偶然遇到的突变也会因为特有的默契而迎刃而解。

在施剑翘见到了寻找已久的孙传芳的模样时,她的计划同自己修改的名字一般,如出鞘的利剑再也没有回头的可能。原本,施剑翘想在孙传芳于英租界的住所旁边发动袭击,毕竟通过乔装改扮成街上售卖或许多小贩或是过路人在孙传芳踏出宅院的瞬间出其不意地发射子弹是最不易被察觉也是最容易得手的方式。但当她真正查看了周围的环境地形时,她却发现原本理想的做法在现实中丝毫没有施展的可能。

英租界二十号路并不是一个偏远僻静的所在,但令人奇怪的是,这里竟没有一个商贩,也没有一个普通行人。起初,这些是剑翘施从赵副官那里听来的情况,她对孙传芳的仇恨愈发强烈。

那日,施剑翘假意自己不知道房子的主人是谁。即便听到赵副官说法租界二十三号路西头这座富丽堂皇的住所正是孙传芳的别院时,她也故作迷惘,表示自己并不清楚这位所谓的"孙大帅"到底是何方神圣。

赵副官本来就是个多话的人,和施剑翘聊天的时候觉得眼前的太太十分善解人意,购买宅邸的愿望也是十分真诚,便索性就着施剑翘的询问将孙传芳的近况做了简单的介绍。

在他的描述里,施剑翘知道了孙传芳这位下野的军队统帅正在走下坡路的现状。当时,日本与中国的伪国民政府签订了《何梅协定》,将中国的华北一下变成了日本人的盘中餐。正值上升期的日本侵略者此时自然对所有"投诚"的汉奸报以最"友善"的态度,虽然他们知道这些卖国求荣的人不会对自己的帝国拥有绝对的忠诚,但在"以华治华"的方针下,这帮丧失了良知的叛徒依然有不可小觑的利用价值。

作为汉奸,孙传芳一类的角色自然不会放过这样的好机会,对他们来说,日本侵略者就是他们东山再起的重要依托。倘若能借助侵略者的实力将当年反对自己的军阀打败,那么即便国土沦丧,他们也能依附日本人,在中国广袤的土地上分到一杯羹的。

于是,巴结、讨好、攀附、吹嘘轮番上演,他们如同丧家犬一般在侵略者的面前摇尾乞讨,因此为自己肮脏的个人欲望积攒龌龊的资本。

作为军阀混战中较早崛起的军阀统领之一,孙传芳对曾经的

"荣耀"和将他攻克的张学良等人自然心怀不满。为了重新回到过往的状态,他自然不会放过任何机会。但在伪政府亲日风气盛行,日本侵略者也对汉奸呵护有加的状态下,孙传芳虽然使出了浑身解数,却仍旧没能顺利地上位,成为"中流砥柱"。虽然有土肥原参将为他作依靠,但终究这个人民唾弃的失败者还是没能在卖国后求来应有的荣华富贵。

在赵副官的眼里,孙传芳仍然是令人"敬佩"的大人物,尽管眼前的太太如今不知道孙传芳是何许人物,但当年他确实是打个喷嚏天津城都要震颤一番的大人物。凭着这点过往,赵副官死心塌地地为他卖着命,但施剑翘却在这样的描述里看到了成功的希望。

十年过去了,倘若孙传芳仍然是当年那个叱咤风云的军阀头目,可能施剑翘连近身打探的可能都没有,如今他倒在日本人的帐下,一落千丈的处境反倒为施剑翘的报仇计划提供了难得的机会。虽然,这个汉奸因为惧怕自己被谋杀而命人将宅邸附近的商贩全数清除,但日本人的不闻不问让他的防备力量减少了许多,因此,只要筹谋得当,孙传芳在露面期间被击毙的可能还是有的。

那么如何才能将计划制订得万无一失呢?

作为一个单枪匹马的女性,施剑翘觉得自己探听消息还可以,但真正要保证整个刺杀计划周密得当还是得找个有经验的人来帮忙。而能帮自己筹划如此隐秘计划的人,自然是自己的弟弟,曾在军中公干过的施家长子施中杰。

此时,中杰正在南京,施剑翘觉得自己若能离开天津一段时间到南京同他碰面,定然能对计划的实施起到重要的作用。于是,在母亲劝说自己不要报仇的话语中，施剑翘抓住了机会，以母亲不放心为由提出了前往南京弟弟家居住的请求。母亲因怕她在天津惹事，便不假思索地答应了。

次日，施剑翘登上火车前往南京的时候，内心的迷惘和对计划的未知如同眼前路程一般，苍苍茫茫，令人不知所措。

自从离开施靖公，这是施剑翘第二次坐火车出远门。与上次从太原来天津不同，这一次，只有施剑翘一个人出行，行程的寂寞和对未来的未知因为独自一人而不由得泛滥开来。

多年来，施剑翘一直以报仇为己任，内心的仇恨同父亲的思念交织翻腾，改变了她的生活也影响了她的决定。备受煎熬的日日夜夜并不好过，施剑翘不知道自己的弟弟是不是也同自己一样依然怀抱着当年的报仇理想。倘若他同母亲一般希望自己能在平静中度过一生，那么她的计划将无处施展，父亲的冤屈也无处可雪。

想到这儿，施剑翘的心不由得泛起了担忧。好在，弟弟的表现并没有让他失望。

当中杰身边的人将施剑翘接到家里后，姐弟二人才寒暄了几句，便直接进入主题。在中杰的印象里，姐姐永远都是那样干练，而她来此处的目的自然也十分明朗。当年，父亲遇害的时候，中杰还只是个孩子，他不知道母亲为什么整日以泪洗面，也不知道姐姐为什么会将报仇作为自己终身的理想，一言不发。随着年岁的增加和阅历的丰富，中杰慢慢知道了真相，也渐渐明白了姐姐当时的决绝和果断。

多年过去，中杰和姐姐早有了自己的家室，但对孩子的疼爱却依然无法阻挡他们为父报仇的决心。看着姐姐刚毅的神色，中杰知道姐姐再也不是当年那个只会哭泣的小姑娘，也知道了她定然掌握了重要的情报才会跑来与自己商议大事。

因此，姐姐还没开口，中杰就直截了当地向姐姐许下了承诺：只要是和报仇相关的事情，姐姐随便怎么吩咐，弟弟都将竭尽全力地配合。

听了中杰的话，施剑翘心里久久悬着的心中终于落了下来，原本还孤单的心一下竟因为弟弟的支持而有了难得的归属感。作为姐姐，施剑翘并不希望弟弟陷入危险，但作为长女，她唯一能商量的人只有弟弟。

如今的施家并没有先前的风光，家中子嗣传承的担子也落在了弟弟的身上。为了能让施家香火继续传承下去，施剑翘能做的自然是尽全力保弟弟的周全。中杰也十分想亲自为父亲报仇，施家长子的责任感让他不愿退缩。

施剑翘告诉中杰，他身上担负的使命同自己不同，虽然自己是女流之辈，但是只要计划得当，为父报仇的事情她还是能完成的，只要弟弟能在身边帮忙筹谋计划，他便尽到了做弟弟的职责了。听了姐姐的话，中杰左思右想，但却并不同意，毕竟躲在角落里看着姐姐赴汤蹈火并不是他作为男人应有的风度，也有失他作为军人的风骨。

面对不共戴天的仇人，姐弟二人争先恐后，奋勇向前，争执不下之际，二人只能彼此妥协，打算具体的行动计划出来之后再确定实施刺杀的人选。

施剑翘将自己探听到的关于孙传芳的消息告诉了中杰，并将自己打算潜入孙府进行刺杀的计划告诉了他。一席话说完，中杰思考了一会儿，他很高兴事情有了进展，但是对姐姐的计划不是十分赞同。在他看来，孙传芳虽然落魄了，但进府行刺的危险依然很大，他认为不应该轻易冒这样的风险。两人仔细商议后，最终决定，还是要进一步摸清孙传芳出行的规律，不急于一时，而后再找出容易下手的地点实施计划。

一拍即合的商量让施剑翘倍感鼓舞，有了弟弟的力量，她不再感到形单影只。他们兴奋地讨论到深夜，二人始终都在为报仇计划的细节做最后的敲定。

当谈及行刺所用枪支时，中杰向姐姐推荐了好友朱其平寄存在这里的一支勃朗宁手枪。施剑翘一听到"勃朗宁"三个字，一下表示了赞同。记得当年，施剑翘曾看弟弟玩过勃朗宁，这种枪体积小，便于携带，但是速度又很快，命中率高，十分适合紧急场景下的发射，因此是行刺的最佳装备。

中杰见姐姐如此赞赏，心中十分喜悦。但是他也感到一丝担忧，毕竟枪支是寄存这里的，中杰担心可能会连累到自己的好友朱其平。施剑翘知道弟弟有情有义，也知道这样的报仇全然是个人行为，牵扯到其他人十分不合适。她认真想了想，向中杰提出谎称枪支为太原退伍军人所有，并补偿朱其平损失的建议。中杰见姐姐如此深明大义，心中一下明朗了许多。

与弟弟在一起谋划了三天后，施剑翘报仇的计划基本成型。为了进一步探查清楚孙传芳的出行规律，施剑翘不多时便又离开南京重新回到天津。

临别时，中杰嘱咐姐姐有消息了立刻告知，施剑翘郑重地应下后，提着行李健步走上了返程的火车。一路上，来时的风景如回放一般倒退回去，施剑翘轻轻抚了抚被风吹乱的头发，心里却比来时淡定了许多。

曾经无所适从的报仇理想早已跨过了计划的阶段，进入了实施的环节。万事俱备的情形在弟弟的相助下已然形成，唯一欠缺的就只是孙传芳何时出行的这股东风了。

时空的另一个角落里，孙传芳披着斗篷，行走在自己的院落里。年华坚牢，他已告别巅峰，不复威风，他想通了很多事情，想要放下很多。只是，那些过去的罪孽依旧没有烟消云散。他不知道，也不会想到，在不远处的角落里，他的名字已经被一笔一画地，深深的刻写在了死亡计划书上。

第五章
佛堂·
为父报仇的血色救赎

高墙外的失落目光

仇恨，是深扎在施剑翘内心深处的一根刺，提醒着她，不要忘记那段往事。这样的一根刺，即使不去触碰，它也会隐隐作痛。

十年的煎熬等待，十年的凄风苦雨，十年间被报仇浸泡着的内心淬炼得很坚强。很少有人能够真正走进施剑翘的内心，即便是相濡以沫的丈夫，也不能够清晰地解读这颗孤独的灵魂。

施剑翘一人独坐在院中，看着大利和二利追逐嬉戏。"哥哥，你等等我。"二利稚嫩的声音划破清晨的宁静。当孩子们在院子里的台阶上跑上跑下的时候，施剑翘心里却在盘算着刺杀孙传芳的行动。孩子们的吵闹声和施剑翘阴沉的脸庞骤然聚合，又很快地散去。大利和二利并不知道此时的母亲为什么总是闷闷不乐。孩子的天空是永远湛蓝的，读不懂大人们的世界，为何风雨凄凄。

有时，她也会想起与丈夫相处的点点滴滴。只是那些片刻温存，抵不过现实冰冷，她突然想起了这一幕：

"谷兰，我回来了。"施靖公的一句话拽回了沉浸在报仇深渊的施剑翘。所以，一次重复了不知多少次的对话再次展开。

"报仇的事情，你打算怎么办？"施剑翘没有给丈夫一点思考的时间，硬生生地问出了这句话。施靖公知道，无论如何这一次也是无法搪塞过去了，但是还是小心翼翼地回答："时机还不成熟。我们以后再慢慢商量。更何况……"施靖公的话还没有说完，就感觉到了一束寒光射向了他。施剑翘已经无法忍受这样的回绝。因为，那一场婚礼就是一个契约。

施靖公对施剑翘是有感情的，正当青春年华的施靖公因公出差，借住在施家时，每日的晨昏相对，让施靖公对这位千金小姐倾慕。当然，他喜欢她的家世，但因为同是山东人，自有几分豪情和英气的施靖公在遇到这位民国侠女的时候，也被施剑翘妩媚中的刚强，娇媚中的直爽深深吸引着。

他知道，那时的施剑翘心中只埋藏了一件事情，就是报仇。或许是太想与施家结亲，或许是漂泊异地他乡的心想要找到一个停靠的港口，施靖公决定答应施剑翘替父报仇的条件，迎娶这位身负血海深仇的爱人。

他以为，妻子的报仇会随着时间淡化。而当年的靖公情意深深地看着眼前的这个施剑翘，这个女子的勇毅和坚韧是在其他的女子身上找寻不到的。但在施从滨的墓碑前，当靖公擎起右手，字字恳切地说出自己的决定之时，施剑翘把所有的希望都寄予在这个男人身上。那时的施剑翘，没有想过什么是爱，因为内心早已被仇恨占满。

当漫长的七年时光流过指尖眼角，当孩子们渐渐长大，当婚姻生活犹如牢笼一样禁锢着所有的人，施剑翘再也不能忍耐下去了。于是，这样近乎咄咄逼人的追问让施靖公也措手不及。靖公的内心是犹豫挣扎的。挣扎在天伦之乐的幸福里，挣扎在妻子一次次失望的目光里。当生活变得安定如一池春水一样荡漾着幸福的微澜时,"报仇"二字变得十分刺眼。

施剑翘在漫长的等待中看清了丈夫不想血刃仇敌的心思,心灰意冷的她作出了一个让丈夫追悔一生的决定——离开。既然在这场婚姻契约里,丈夫施靖公做了一个违约的人,那么施剑翘就不会再"履行契约"。当施剑翘带着两个儿子踏上开往天津的火车时,施靖公一个人落寞地站在月台上面,目送着一段情的远去、终结。

这是一场没有情感互通的婚姻。在这段婚姻里,施靖公付出了真情真心,但是没有拿出应有的勇气和担当。看着载着爱人和孩子的列车远去,施靖公内心百感交集。但让他付出生命的代价去爱一个人,靖公还没有做好准备。

但是,付出生命的代价去完成自己的誓言,施剑翘早就做好了这个准备。无论前面的路怎样荆棘,施剑翘都没有犹豫半分。

当再一次踏进家门时,施剑翘已由待字闺中的少女变成了两个孩子的妈妈,在其他人看来这是再平常不过的事情,生老和病死是无常的捉弄,婚丧和嫁娶是人之常情。可是,又有谁知道在别人眼中看似寻常的事情,在施剑翘这里是一种奢望。没有人不希望生活温馨幸福,没有人愿意背负上血海深仇。可是,每每想起惨死的父亲时,施剑翘就再也不能够释怀。放下仇恨,那是对弱者的规劝。

再一次回到了阔别七年的家中。母亲鬓角染霜,失去丈夫的女人是凄苦的,而母亲就在凄苦中挨过了十年。施剑翘每每想到这里,都会心如刀绞。在天津的日子,好似度日如年。报仇的路途,那样艰难。

1928年，北洋老将的民国被国民政府取代，北洋政府覆灭了。这之后，徐世昌、段祺瑞、曹锟、孙传芳先后在天津定居，这些昔日为不同政见在政坛和沙场奋力拼杀过的人，成了睦邻。段祺瑞还曾联络徐世昌、王士珍、原总理熊希龄、老政敌曹锟，共同发起和平运动，呼吁南北停战，召开和平会议。

这就是北洋老将，政见不同可以公议，在国会争吵，在报纸上辩论，说不通，谈不拢，就拉开架势打一仗，打赢了，一切听你的，但你不能惩罚战败的对手，打输了，你去当无事贵族，也没人追杀你。可是孙传芳没有这样的气量，那年打仗打输了的施从滨没有逃过孙传芳的胸襟狭窄，身首异处。施剑翘每每想到这里，汹涌在内心的愤怒都会直撞胸膛。

当张作霖在回奉天府的火车上被炸死之后，北洋政府的云天变了模样。当张学良年少轻狂，不顾老臣忠良的反对，坚决举起"东北易帜"的旗帜时，孙传芳意识到"北洋政府"这个名词终将成为历史。所以，在1928年这个风云变幻的年头，孙传芳萌生了下野的念头。随即携带家眷定居天津，做了寓公。

民国时期的天津，似乎比北平更加地接地气，聚人气。在一众好友政敌都纷纷选择来到天津定居，过着深入简出生活的时候，孙传芳的名字渐渐地在施剑翘的眼前清晰起来。

偌大的天津城，有一个弱女子的身影在苦苦搜寻着一个人的身影，像影子一样紧紧跟随，但又不曾真的靠近。这位下野的军阀打算从此隐姓埋名，不问世事。但是，这却丝毫没有动摇施剑翘为父报仇的决心。

这样诚挚的父女情，这样坚定的信念，感动了所有的人，也感动了上天。

　　仇人的样子已经清晰地刻在脑海里。剩下的事情就是要无限接近这个人。可是，本就是政坛响当当的风云人物，又是深居简出的寓公，想要寻得孙传芳的生活痕迹，真的是难上加难。

　　但无论怎样，报仇的计划终于可以开始筹划了。这个让人兴奋的消息让施剑翘高兴了好多天。可是，到哪里去"偶遇"这个人呢？无数个不眠之夜，施剑翘空对一轮清月，暗自神伤。

　　当一筹莫展的时候，施剑翘终于确定这个孙家敏就是孙传芳的女儿。这样的奇缘让施剑翘都觉得难以置信。难道上天都要帮助她完成使命不成？

　　终于这个照片中的人物在现实生活中真实起来了。在施剑翘的蹲守中，电影院的门口出现了车牌照为"1039"号的汽车。虽然是寓居天津，但是孙传芳依然过着衣食无忧的日子，并且竭尽全力地在做一个好父亲、好丈夫。似乎外面世界的一切都和他没有了关系。一个曾经叱咤风云的军阀，能够这样心甘情愿地隐居闹市，也是一种勇气和决心。终于看到了乘坐1039号汽车的孙传芳。如果那时她手中有枪，那么，施剑翘一定会毫不犹豫地向孙传芳射去一颗仇恨的子弹，雪耻当年父亲所受到的一切侮辱。

　　可是，此时的施剑翘没有任何的刺杀准备。只能看着仇人在自己的面前扬长而去。

　　回到家中的施剑翘收起了往日的忧伤和落魄，眼中泛着凌厉的光，弑仇的决心再一次升腾，化作手中的枪弹和心中的执拗。

　　转而，施剑翘再一次陷入了痛苦之中。这样一位仇敌究竟要怎样接近并成功射杀呢？这成了困扰施剑翘最大的一个问题。不能再继续无目的地等待下去，必须赶快制订一个周详的刺杀计划。这就是施剑翘急需解决的一个大问题。

时间在一点一滴流逝，在知道了仇人的模样之后，在近距离地接触仇敌之后，更加坚定了施剑翘报仇的决心。这个没有气量的军阀，这个没有胸怀的暴徒，施剑翘不能够容忍自己让他多活一天。

施剑翘常常一个人走在法租界那些高大别墅的外边，高墙之外的失落目光，是这个民国侠女的忧伤。

不能够亲手杀掉杀父仇人是施剑翘最大的痛苦。它像一根刺一样深深地扎在心里，扎在肉里，每一次的喘息和抽动，都是一次阵痛。痛在不能报答父亲的生养之恩，痛在不能雪耻施家两代所蒙受的不白之冤。

从 20 岁那一年开起，从得知父亲惨死的那一刻开始，施剑翘的全部生命都是在围绕着"报仇"这一件事。生活中没有其他的事情，虽然也嫁人，结婚，生子。可是这些在他人看来幸福的时刻，对于施剑翘来说都是不完整的快乐。因为始终有一块大石头压在她的心上，让一切的快乐都变得不纯粹，让一切的生活都指向仇恨。

大利和二利依旧照常生活，母亲的眼角又多了两条皱纹。在施剑翘迈进 30 岁的人生门槛之后，报仇的事情终于有了眉目。

看着孩子们整日无忧无虑地生活着，施剑翘的内心突然变得温暖起来。

1935 年 6 月，在天津，已经有了夏天的影子。绿树掩映下的街道，显得格外明亮和宽阔。施剑翘带着孩子们走在天津城的街市里，突然感觉到十分的暖意。阳光明媚，远山如黛，河水泠泠，一切仿佛都变得美好起来。

就算还不知道会是哪一天，深埋在心底的秘密会让天下人都知道，但是施剑翘的翘首期盼终将会有个了结。

回到家中的施剑翘，看着母亲脸上的笑，碗里的菜，觉得很温馨，很快乐。十年的隐忍和坚守终于要守得云开见月明。虽然母亲和孩子们并不知道将有怎样凶险的事情发生。但是，一切都会过去，一切也都会好起来。

佛堂里的意外惊喜

愈是接近，愈是彷徨。

秋风苦，寒夜长。孤独而倔强的施剑翘在瑟瑟冷风中隐忍，在漫漫长夜中煎熬。愈是接近报仇的终点，愈是戚戚惶惶。

施剑翘从小就是一个执拗性格的姑娘。只要是自己认准的事情，就不会放弃。这样的性格也让施剑翘吃了很多苦头。任何人的命运都是由性格决定的。

很多时候，施剑翘都是一个人在街上"乱晃"。因为施剑翘不知道除了为父报仇还应该做点什么。当一个人的内心被仇恨占满，这个人也会变得难以理喻地"乖张"。可是，有谁知道在施剑翘的内心，是怎样的煎熬和悲切。秋风渐紧，北雁南飞。故乡的温柔召唤时时萦绕在耳畔。

天津的街上行色匆匆的人们，没有家乡人的味道，没有家乡人熟络的情怀，更没有家乡人脸上温和的笑意。

齐鲁大地上流淌的是数千年来孔孟儒学的血液，在山东人的意识里，更多的是"仁义礼智信"的信仰。所以，在这样一片浸润着深厚中华民族传统文化底蕴的土地上生长的施剑翘，是无法用温和的方式忘记弑父仇恨，是无法用自我救赎的方式得到彻底的解脱。

所以,这个山东女子自由的侠骨柔情是不能被懦弱和退缩所取代。在每一次出行的时候,都会刻意地去探寻孙传芳的踪迹。尽管,在施剑翘看来,这几乎是徒劳。可是,施剑翘从来没有放弃过任何一次机会。

1935年的民国,动乱和骚动裹挟着前行。新的世界在风雨飘摇中战战兢兢。因为,没有人能够知道明天会发生什么事情。国民领袖的位子几乎每天都会轮换着人去坐。街头的报童时常会拿着当天的报纸叫卖重大的新闻。坊间那些"说书艺人"更加会演绎时局的变化。施剑翘并不是一个热衷政治的人,但是每每有关于奉系军阀的消息,她都格外地留意。因为孙传芳最后的宿主就是奉系军阀的张作霖。若不是日本人在沈阳的皇姑屯炸死了他,或许,今天的孙传芳还是战马戎装的大军阀。东北易帜后,不堪屈居南京之下的孙传芳在天津想要颐养天年。这给了施剑翘报仇以契机。

一天,施剑翘在施靖公的部下那里得知了一个消息:孙传芳想要东山再起,做日本人的傀儡,妄图在日本军国的扶植下成为又一个"东北王"。听到这个消息的施剑翘,再也坐不住了。恨不得现在就到街上去,寻得孙传芳,当头就是一枪。这种焦急和苦闷让她无法喘息,更加意难平。

穷凶极恶的孙传芳,如果真的得偿所愿,那么中国的命运又多了一份危险的隐患。东山再起的孙传芳,借助日本人的力量定会搞军阀混战的那一套。整个风雨飘摇的中国社会将又一次陷入战争的蹂躏中,本就积贫积弱的人民又将处在水深火热中。

在民国政权刚刚确立的那几年前，中国总是会有几个人想要再坐上皇帝的龙椅，一统天下万民。一人执掌一国命运的风光无限总是引来一小撮人的遐想。可是他们并不知道，中国已经开始了新的纪元，黄袍加身的军阀在中国只能有一个，那个人就是袁世凯。并且最后的结局只能是瘫死在赶往皇帝梦的道路上。

如果这个消息成为了现实，当那个时候，前呼后拥的孙传芳能够见到就很难了，更加不要说是刺杀。想到这里，一筹莫展的施剑翘披上大衣，出门去了。夺门而出的施剑翘内心郁积了愤恨。"这一次，绝不能让孙传芳得逞。"施剑翘在心里默念着这句话，漫无目的地在街头乱逛。

离开了家门的施剑翘，并不知道自己要去哪里。可是又实在无法容忍自己这样漫无目的地等待下去。

在这样的自我煎熬中，施剑翘渐渐地削瘦了很多。深陷的眼窝里注满了苦苦的等待。因为仇敌就在身边，只需一步，便能血债血还。

很多时候，施剑翘也会追问自己，这样的执着是否是正确的。但是，每每想到惨死的父亲，她都不能够释怀。不是为了成为侠女英雄，而只是因为无法忍受父亲一人在冰冷的地下长眠。

曾经在父亲的墓碑前发过誓言，绝不纵容孙传芳的恶行。当把右手放在胸膛上，当目光如炬的施剑翘说出心中的誓言，当坚毅勇敢的施剑翘取代了曾经柔弱妩媚的"施谷兰"，这条报仇的道路就明晃晃地摆在了眼前。

找不到下手良机的施剑翘变得焦躁不安，食之无味。那种感觉像是患了病，又像是着了魔。

1935年农历九月十七日,这一天是父亲遇难十周年的祭日。此前每一年父亲的祭日,施剑翘都是在痛苦中挨过去的。清晨起床后,施剑翘觉得胸口像有块巨石压着,透不过气来。索性,拿着一把纸钱,独自一人奔向了位于天津法租界的观音寺,为亡灵超度,早日登极乐世界。

穿过繁闹的街市,走过杂乱的人群,施剑翘来到了僻静冷清的观音寺。这是在法租界少有的几座寺庙的其中一座。当人的内心烦躁不安的时候,来到佛祖面前,诚心诚意地祷告一番,或许会得到佛祖的点化,忘却痛苦。

站在观音寺的释迦牟尼石塑前,施剑翘选择了一处安静的地方,跪在佛祖面前,为亡父烧些纸钱。阴冷的天气让这座寺庙分外冷清,香客寥寥。施剑翘望着跳跃的火苗和渐渐变成灰黑色的纸钱,不禁泪水簌簌,不能自持。

那些纸钱慢慢被烈火吞噬,渐渐变成了纸灰,零星地冒着火星,一阵冷风,吹得纸钱四散。吹散了纸灰,吹不尽内心的愁苦。旋起的纸灰在空中飘散,飘向更远的远方。

此时,这个失魂落魄的女子仿佛是世界上最孤独无助的行者。在这个青灯古佛的寺庙里,铸成了千年的石像。没有灵魂,因为灵魂已经出窍;没有旨趣,因为旨趣已经被仇恨抹杀。剩下的只是一副躯壳。一切的苟延残喘只是为了报仇的一个瞬间。

很多时候,我们无法理解满心仇恨的人。因为这样是对自己的残忍,而仇家依然悠闲自得。可是,如果放弃了报仇,一切的人生都变得没有存在的意义。施剑翘就是这样一个人,宁愿自己活在仇恨的影子里,也不愿意走出黑暗。有一些仇恨可以放下,但是有一些仇恨，绝不能用时间来涂抹掉。

当悲苦忍受到极限时一定会有溃决的堤口。如断线的珠子和掉落的泪水一般。

"爹爹，您十载沉冤，至今未能伸报。女儿不孝，对不起您的养育之恩。仇人近在咫尺，我却眼睁睁地看着，无能为力。爹爹，您责罚我吧，斥骂我吧！"

这样近乎自责般的呻吟引来了诵经结束路过此处的一个老和尚。出家人以慈悲为怀。看见这个悲苦的施主在这里祷告，便走上前，和施剑翘攀谈起来。

"女施主，何事让你一女子这样伤心？"和尚劝慰道。

"我爹爹死得早，今天是他的祭日，我来给他送些纸钱，希望他一个人在那边不会受苦才好。"施剑翘半真半假地回应着。

"女施主还是不要太伤心难过，人死不能复生。儿女尽孝，光是哭是无用的。倘若是哭伤了，老人在天之灵也不能安心。你若是节哀止悲，多给老人诵些经卷，老人便可以早日超生，这也算是做到了儿女的责任。"

对于"超生"一说，施剑翘还是有些迟疑的。

"长老，谢谢您的好心相劝。痛哭只是心中感情的倾泻，烧些纸钱也不过是追念老人的恩情罢了。至于'超生'，还真的没有认真去想过。"

老和尚听到施剑翘这样说，轻轻地笑了一下，脸上的皱纹似乎都跟着这个笑容伸展了腰。

"女施主，还是相信这世间有往生这一回事吧。自从东汉年间，佛教传到了中国，两千年来繁衍了一代又一代的笃信教徒。

若是真的没有这一回事，怎么延展了千年？"

听到老和尚这一番话，施剑翘也思忖了半晌。是啊，若是真的没有这样的事情，佛教怎会在中国流传千年。可是"轮回"与"往生"谁又说得清呢？正在她低头沉思的时候，一个刺耳的名字划破寂静的空气，穿透胸膛，硬生生地扎到了施剑翘的心里。

"你来看看，像社会名流，政坛显要都会来这里诵经。孙传芳、靳云鹏这些军阀，他们年轻的时候，刀光剑影里枉杀了多少生灵。盛气凌人，不免会做一些伤天害理的事情。到了老年，却放下屠刀，皈依佛法，修身养性，以求来世……"

真的是孙传芳的名字吗？这个名字再熟悉不过了。施剑翘简直不敢置信，就在自己伤心欲绝的时候，这样的消息居然主动找上了自己。

她还以为事情又要陷入僵持的循环，却万万没有想到的是，会在这里听到这个罪大恶极的名字。强忍愤怒的施剑翘，安抚了激动的情绪，她要让自己看起来波澜不惊。于是露出平静的神情，故作镇定，慢慢地和那位老和尚攀谈起来。

通过这个宅心仁厚的老和尚的诉说，施剑翘才得知：段祺瑞执政府的内阁总理靳云鹏与大军阀孙传芳自从下野之后立志改过自新，专心佛法，忏悔一生。他们合力出资办了一座居士林。每星期三和星期六都会请和尚讲经；靳云鹏任林长，孙传芳任理事长，会有不少人前去听经。

这真的是一个天大的好消息，没有想到会在佛法清修之地遇到这样的恶徒。他以为罪孽可以通过这种方式洗清吗？不，绝不可能。

"善女，佛法无边啊！"老和尚一看施剑翘对于清修一事很是感兴趣，又联想之前她的痛苦，于是动了心思，一心想要努力度她入佛门。于是，他更加滔滔不绝地讲起来。"入了佛门，洗心革面，大彻大悟，可免除一切烦恼，创立无量功德……"

施剑翘很感激这位老和尚。他很善良，但是他之后说的这些话，施剑翘已经听不进去，全然没有理会，她此时的内心被巨大的喜悦占领着，事情有了如此大的进展，真令她兴奋。接下来要做的，就是认真盘算着怎样利用这个千载难逢的好机会。

绝望之时，天降良机。这种巧合真的带有某种不可说的力量，命运这一次向施剑翘倾斜了天平。或许希望这个身负血海深仇的女子不再彷徨和苦闷，为她打开了一扇门。

施剑翘十年的苦苦追寻，终于要在这一刻接近成功的终点。无论是生是死，施剑翘这一次都会把握机会。她会握紧生命的枷锁，任它再残酷无情。

"长老，我能够进居士林听经吗？"施剑翘突然发问，让聚精会神讲佛法的老和尚来不及停下来回答。

"怎么不可以啊！我们这里的居士林，男人想进的话，需要有介绍人，女施主只要填一张表格就可以了。"老和尚双手合十，眼角的鱼尾纹都散开了。

在结束了和老和尚的谈话之后，施剑翘深深地行了一个礼，道谢。在她的眼中，不仅仅要谢谢这位和善的长老，虽然长老并不知道这一次攀谈对于施剑翘的巨大意义。只是简单地认为只是度了一个有缘人。更是为了要感谢上天，让施剑翘在天津能够有完成使命的机会。

报仇的步骤进入了真正的实施阶段。万事俱备，这一次，没有人能够阻止施剑翘前行。

众里寻仇敌，佛堂惊现奇。施剑翘要抓紧时间摸透孙传芳的行踪，早一天实行暗杀，就少一分不定因素。此时的施剑翘，没有一丝慌张，反而是更加地冷静沉着。

离开了观音寺，施剑翘没有马上回家，而是先去了一个地方。

回到家中的施剑翘，把自己反锁在房间里，再一次拿出了那支弟弟千辛万苦弄到的勃朗宁。自从得到这支勃朗宁手枪，施剑翘还从未扣动过扳机。因为报仇的计划是那么遥遥无期。究竟是谁在蚕食着谁的命运，施剑翘有时自己都无法回答这个问题。

施剑翘擦拭着这支手枪，想象着扣动扳机手刃仇人的那一刻，眼中充满了坚毅的目光，石刻一样的脸庞露出一丝笑意。

这个晚上，施剑翘无数次回忆着佛寺里的惊喜，一次次回味着老和尚的话。道貌岸然的孙传芳端坐在佛堂里，手捧经书，口念佛经的模样渐渐清晰……

紧锣密鼓的筹划

当希望的微光照亮了这个报仇之家,整个天津的秋天都变得温暖起来。十月的天津城原本也并不满目凄凉。只是因为内心的悲苦,所以触目所及的地方才会变得凄凄惶惶。

清晨,当第一缕晨光照进小院,碧绿的天色,稀疏的树影,一同掩映着金色的秋天。扫街的人悠然地从街边划过,留下一道道疏密有致的扫帚的印记。这一道道印记就像是人们走过的生命轨迹。不紧不慢,不慌不忙。

此时的施剑翘内心是舒畅的。因为终于找到了走出暗影的路口,尽管这条路无比凶险,甚至会因此而丧命。她长长地舒一口气,把近十年来压在胸口的郁结之气全部吐出来,这是一种怎样的神清气爽!

这一天,施剑翘早早地起床,梳洗打扮之后,穿戴整齐,精神抖擞地迈出了自家的院子,径直走向了东南城角的草厂庵。在那里,她要参加一个隆重的"典礼"。

这个草厂庵是一处历史悠久的庙宇。草厂庵是明代的遗址,其名称的起源,实是草厂和白衣庵相结合而得名的。据天津《卫志》讲:"白衣庵在城内草厂东南角",两个地理位置相同,故把草厂和白衣庵混称为草厂庵了。

此处原建有草厂庵观音大师禅林，庵前有大水坑，因地处荒凉，多积水，一时有人在此开设粥场，兴办"善事"，后于光绪初年，因开粥场设暖棚，不慎失火，烧死百余人。

光绪二十七年，袁世凯督直时，曾命周学熙在此筹办天津工艺总局，此为天津实业的起点。

辛亥革命时，由北方革命协会成立的"北方革命军总司令部"组织的一次起义就在草厂庵。

居士林前身是"清修院"，原是天津八大家"李善人"李春城的家庙。历史的风云变幻使这个当初只为庇护一家一门的佛庙成为了现在的居士林。靳云鹏、孙传芳联合了李家的后人，把这个几近荒废的寺庙重新修建，并且请来了富明法师开坛讲座，广施佛法，信众上千人。

施剑翘来到居士林，接待她的是一位姓张的女居士。这位张居士慈眉善目，十分热情。"这位女施主，你心有挂碍，事情累积，还是早皈依佛法，静心修法为好。"

"这位居士，我是受了观音寺长老的点化，方才来此修行，还望大师点化点化。"施剑翘双手合十，诚恳万分地说着。

这位张居士一听是观音寺的老和尚介绍的，就更加地热心起来。带着施剑翘在居士林里逛了一下，顺便介绍了居士林的情况。当她们的脚步停留在讲佛法的大堂，张居士指着一个太师椅说："这就是平日孙传芳福林长平日听讲的地方。"

当第一次看到这把太师椅的时候，施剑翘双拳紧握，瞪着眼，不说话。从施剑翘站着的地方到那把太师椅，施剑翘整整走了十年。这十年里她从少女变成了少妇，从山东辗转到天津。无数个不眠之夜里施剑翘都惦记着坐在这把椅子上的人。

张居士正沉迷于她自己的精彩讲解中，丝毫没有感到施剑翘异样的目光。

张居士拽着施剑翘来到了内堂，办理相关的手续。"来我们这里入林的居士，已有三千多人。男子入林，需有介绍人。女子入林，登记就行。我这就给你办手续。"

施剑翘听了张居士的话，出神地想到：定是那阴险狡诈的孙传芳定下的规矩。男子入林的审查明显要严于女子。施剑翘知道此事，才感到身为女子的优势。

"在这里填上你的名字。"张居士摇晃着施剑翘的手臂叫了几声她的名字。施剑翘这才回过神来，拿起笔，笔尖在半空中停留了数秒，然后，落笔写下了"董慧"这个名字。

施剑翘的母亲姓董，来此修行要有禅心慧根，所以，施剑翘为自己取了这个名字。随后领了一枚林友的政章，就算正式入会了。

人世间的事情，很多都是巧合。恰巧那一天施剑翘去观音寺烧纸，恰巧遇到那位老和尚愿意和她攀谈，恰巧有个热心的张居士。一切的巧合都在指向最后的终点。是巧合，更是天理。

在办过了入会手续之后的当天下午，施剑翘就从无线电波里听到了居士林智园居士讲经的录音。

那个声音从小小的木头匣子里传出来，震动着施剑翘的耳膜，这个声音带有山东口音。这个口音对于从小在齐鲁大地长大的施剑翘来说再熟悉不过了。施剑翘思忖着，这个讲经的人会不会是孙传芳呢？能够通过无线电波传经讲道的人一定不会是普通的居士，说不定就是孙传芳本人。

想到这里，施剑翘再也坐不住了，站起身奔向了法租界仁昌广播电台。这是一个执着的身影，一切能够和孙传芳联系起来的事情这个女子都会异常热衷。十年的追命，十年的报仇，都如昨日一样，清晰可见。

在几经周转之后，施剑翘终于证实了，那个带有山东口音的人就是孙传芳。

在看到了1039号汽车和由卫士陪同的孙传芳之后，施剑翘更加笃定了此次刺杀行动的最后实施。这一回，她清清楚楚看到了仇人的面孔。

这之后的一个多月里，施剑翘一直是居士林里最勤勉的学生。每到居士林的讲经之日，这位新入林的"董慧"一定早早地就到了大堂。讲经的大殿很深，常常在高大的铜像面前变得幽深阴冷。宽阔高深的大殿内，设有佛龛，佛龛的前边是一个大供桌。讲经的法师就坐在供桌的中间。供桌的对面，东西两侧摆着两把太师椅，一把是林长靳云鹏的座位，一把是理事长孙传芳的座位。讲经的和尚后边有几排条凳，是女居士的座席，讲经和尚面对的台下，则为男居士的座席。孙传芳每到星期三、星期六都来听经，常常会带着家眷，却很少会带着卫兵。

或许是因为吃斋念佛，不想有杀戮血光，所以，每每来到居士林听经讲学的孙传芳都不会带卫兵来。但是在施剑翘的眼中，这样的孙传芳只不过是个道貌岸然的伪君子罢了。根本不配讲求佛法，普度众生。这样的孙传芳只是借助佛祖的善缘来粉饰自己的虚伪和残忍。如果佛祖能够普度众生的话，或许也会在这个穷凶极恶的人身边迟疑吧。

孙传芳在听经的时候，常常是双目微闭，跟随着佛经的节奏或是点头，或是感叹，或是晃头，看模样是听得十分入神。这位奋战了半生的大军阀，双手沾满了鲜血，如今只想求得心安，以此度过余生。只是他没有想过，他心里每一次想要抹去的"小小过错"，背后都是一个破碎的家庭，一张张绝望的脸孔，一段段永难忘却的伤心记忆。

施剑翘每次来听经都要换位置坐。她像是排兵布阵一样，反复考虑什么时候开枪是最好的，从什么角度开枪可以一枪毙命。关于法师讲的经，她一个字都没听进去。

这本该是非常有诚意虔诚的一件事情，只是此时，无论是讲经的法师，听经的孙传芳，抑或是筹谋盘算的施剑翘，心中所想决然不同。想那空荡荡的大殿里，竟然有三位心思各异的人。

秋风渐紧，一地的枯叶预示着秋天的将逝。施剑翘不能再苦挨一个冬天了。她希望明年春天的清明节，到父亲的坟前，能够告诉那个沉睡在地下十年的亡魂：大仇已报，父亲可以安息了。多年的夙愿即将实现，施剑翘希望，该发生的就尽快发生，不要再拖延过今年的冬天。

施剑翘在实行刺杀计划的同时，又想到了要稳妥地安排"身后事"。所以，施剑翘叫来了身在南京的弟弟施中杰。

对于突然出现在眼前的儿子中杰，施母毫无准备，显得十分惊讶。她一时没有想通，一向公务缠身的中杰为何会突然到访。

多年来，孩子们一直想要为父报仇的心愿一直瞒着母亲。因为，对于年迈的母亲来说，在痛丧丈夫之后，最大的心愿就是希望儿女们平安。

母亲拽着施中杰的手，不停地问："中杰，你怎么突然来天津啦？"

"娘，你这是干什么呀？"施剑翘赶忙给弟弟帮腔，"中杰此次是来天津出差，顺便来看您老人家。一共在家住不上几天，您问这问那，实在用不着。"

中杰也连忙对母亲解释道："真好，娘，我们一家都挺好，什么事也没有。过几天，我还想接您到南京住些日子，看看您的孙子呢！"

这个孙子就是老太太心头的肉。一提到看孙子，老太太立马放下猜疑，乐得合不拢嘴。

"我也很想看看你们。这样吧，等过了年，天气再暖和暖和，我就出发去南京。"

"不，娘，我准备这次就接您走。"

"现在就走，那可不行！"董氏连连摇着头说，"这么一大家子人，哪能说走就走。再说，你姐姐一个人带着两个孩子，多么不容易，每天琐碎的事情那么多，我走了也没办法放心。"

施剑翘连忙接过母亲的话茬儿：

"瞧您说的，我又不是三两岁的孩子，您有什么不放心的！现在，大利上了学，二利也不怎么缠人了，家里又有仆人，剩下的一些家务，我一个人全能应付。放心吧，中杰来一趟不容易，你还是跟他去吧！"

"娘，您明年去我那儿当然可以。可我公务在身，无法来这边接您，姐姐也没有办法送您去我那儿。您这一路上，我们做儿女的怎么安心啊？"

就这样，姐弟两个人，你一唱我一和，轮番地来劝说母亲，终于说动了母亲的心，答应这几天就和儿子中杰回去。

安顿好了母亲这边，施剑翘的心就踏实了一半。可是，母亲有了着落，还有两个幼小的孩子。施剑翘怕母亲起了疑心，只好暂时放在天津，以后再由中杰设法接走。

就这样，施剑翘把身边最亲近的人都安顿好之后，就开始了筹划更加惊险的刺杀行动。在施剑翘的内心，清楚地知道这样一个暗杀事件所带来的后果。但是，对于施剑翘来说，殒身不恤的心意在十年之前就已经定下了。

夜深人静的时候，施剑翘拉上厚厚的窗帘，同中杰、中达团坐在一起，共同研究刺杀的每一个细节。

经过几个月枪法训练，施剑翘已经能够十分娴熟地使用那支勃朗宁手枪了。尽管这支勃朗宁在施剑翘的手上从未开过火，那是因为每一颗子弹都太珍贵了。

施剑翘纤细的手指在勃朗宁的枪管、弹夹、扳机中自由地游走，干净利落的手法让两位军人出身的弟弟都十分惊叹。一个从未开过枪的女子怎能把一支勃朗宁使用得如此游刃有余？

"大姐，平时一定要关上保险，才能保证安全。但使用的时候，您可千万别忘记打开保险再扣动扳机。不然的话，枪是不响的。"不放心的中杰再三叮嘱姐姐。

"你们放心,枪要是不响,我就用这枪身把他孙传芳的脑瓜儿砸烂!"

"可是,大姐,这支枪你要怎么携带呢?"

细心的中达提出了一个关键性问题。

姐弟三人经过反复讨论、推敲,决定行刺当天姐姐身穿一件大衣,在大衣的内侧缝制一个只能装进一支勃朗宁的口袋,到时候,就把枪放在口袋里,足够隐秘,需要的时候,还可以顺利地取出。

剩下最重要的事情就是撰写檄文《告国人书》。这是准备在射杀孙传芳后在现场散发的公告。这样的准备,是以防即使施剑翘当场遇难,施家儿女为父亲报仇雪恨的事实也不会被歪曲或是掩盖。

在反复推敲《告国人书》的过程中,施剑翘坚持一定要写上这样一句话:"孙传芳和日本人土肥原勾结卖国,我不马上打死他,他将使我的家仇变成国仇。"对此,中杰和中达也都表示赞同。毕竟刺杀孙传芳这件事在国难当头时,已经不是一家的私仇,而是国家的公仇。

最后一个议程是商定行刺的日期。姐弟三人,仔细计算出准备工作的时间,他们最终一致认为十一月十三日是最合适的日子。

一切准备就绪,窗帘的缝隙中已经透过一道白光,格外地刺眼,新的一天又开始了。经过一整夜的商讨和盘算,一整夜的纠结和挣扎，就这样随着黎明的到来而烟消云散了。

　　浮在三个人脸上的不仅仅有疲惫，更多的是踌躇满志。

　　中杰和中达拉着大姐的手，眼泛泪光。想到大姐或许会在刺杀孙传芳的同时不幸遇难，两个人心如刀绞……

　　"代价"两个字，说起来仿佛比报仇更加沉重。可是既然是一条不归路，那么就只能决然前行。

十年后，三声枪响

当仇恨即将走到终点，当报仇即将变为现实，不再是遥远的幻想。当秋叶落尽，冬日的严寒慢慢侵袭着这座城，施剑翘的内心是炙热而滚烫的。

民国的报仇女侠——施剑翘，即将粉墨登场，青史留名。

南去的火车转动了车轮，缓缓地向前移动。施剑翘站在月台之上，风吹动着衣角，她站在那里目送着母亲离开。"这一次或许是永别，来世我一定再做您的女儿，好好地报答您！"施剑翘含泪目送火车离开，心中默念着。所有的思绪在心中汹涌着，但又要克制住，不让母亲看见。

弟弟中杰面露焦虑，不由自主地一遍又一遍地叮嘱着姐姐："大姐，你一定要出其不意，沉着镇定，才能保住自己，消灭敌人。只要大仇报成，即使身陷囹圄，我们也可以设法营救。您无论如何要保重啊！"中杰字字恳切的话语中带着担忧，带着不舍。

送过母亲，又送走了中达——姐弟三人事先商量好的，为了使中达免于牵连，让他提前赶到北平躲一躲。

在送走了所有人之后，施剑翘只身去了一趟成纪纸行，花四元钱买了一架小油印机。回家后，她迅速把门反锁上了，开始刻印后来著名的《告国人书》。当油印机"咔哒咔哒"的声响打破寂静的夜空，油墨的味道弥漫了这间屋子，也弥漫了施剑翘的内心。

这份传单是准备在刺杀现场散发的，为了醒目起见，内容简明扼要，字体粗重有力。上面的文字是拟好了的，正面是：

· 今天施剑翘（原名谷兰）打死孙传芳是为了先父施从滨报仇。
· 详细情形请看我的《告国人书》。
· 大仇已报，我即向法院自首。
· 血溅佛堂，惊骇各位，谨以至诚向居士林各位先生、道长表示歉意。

报仇女施剑翘

预定的日子一天天逼近。满目萧条的天津城里已经蒙上了冬日的寒意。在这个深秋初冬的日子，一个身负血海深仇的女子正在一步步走近那个佛堂之上的听经人。

1935年11月12日，这一天，施剑翘破例没有让孩子们去上学。在行刺之前的这一天，施剑翘十分想和孩子们一起度过。在施剑翘的记忆中，已经有很长一段时间没有好好地陪大利和二利两个人一起玩了。最近一段时间，施剑翘都在紧锣密鼓地筹备这次酝酿了十年的刺杀活动。她忽略了孩子们，仔细想想，自己似乎是一位不合格的母亲。

清早起来，施剑翘把孩子们的小衣服整理了一遍又一遍，生怕自己如有不测，孩子们没有衣服穿，在冬日里受冻。又亲自下厨，烧了孩子们最爱吃的菜。大利已经7岁了，圆圆的笑脸像极了妈妈，一双机灵的大眼睛，一刻不停地跟着娘转。大利不时地还会问娘："娘今天怎么这么有空，陪我们玩，还给我们烧菜吃呢？"看着大利的小脸儿，施剑翘一时间竟然不知道如何回答孩子。

两岁的二利虎头虎脑，动不动两眼一闭，小嘴儿一翘，学个小猪的样子，格外憨实喜人。

施剑翘抱着二利，搂着大利，不停地看了又看，亲了又亲，舍不得把他们放下。大利突然觉得，一滴滴咸咸的水珠滴到了他的嘴里，他抬起头瞧瞧妈妈，用小手抹去了娘脸上的眼泪。大利很难过，可是，他真的不知道娘为什么哭。

"娘，你哭啥？"

"娘没哭，是沙子眯了眼。"施剑翘强作欢笑，问大利："大利，如果有一天，娘要是不在身边，你一定要听外婆和舅舅的话，行不？"

"娘，您要上哪儿去，那我和二利也跟着。"

"娘哪儿也不去，只是问问你们行不行？"

"当然行。"

"还有，二利比你小，你应该处处让着他，不要欺负弟弟，好不好？"

"嗯，我知道了，娘。"

大利最后的这一声"娘"，叫得施剑翘十分揪心。为了替父报仇，施剑翘忍痛扔下两个孩子。可以试想任是哪个母亲，都会心如刀绞。

　　皎洁的月光洒下来，又一次映射到了窗台上。看着孩子们渐渐睡去的小脸蛋，施剑翘强压着心中的酸楚，为他们盖好被子。她强忍住情绪，起身把第二天要用的传单、大衣准备好，又拿出那支勃朗宁，小心翼翼地上了六颗子弹，她心中估算着，如果事情顺利的话，三颗子弹应该就够了。施剑翘心中默想着即将发生的一切，祈祷一切顺利。

　　窗外的一轮弯月斜斜挂在天边，向人间散射着冷冷清光。这月光透过玻璃窗，洒落在书桌上和剑翘身上，像是飞飘进房间的洁白轻纱。施剑翘深情地望着如眉新月，心中好不畅快。人们常说，月亮是女人的闺密，心中的烦恼和不快都可以讲给月亮听。而此时伴着月光，施剑翘一字一句，为自己立下了遗书。

　　把身后事，一一交代。唯有一件事情，再三叮嘱，如有不测，尸骨一定要葬在父亲的墓旁，和父亲作伴，为了是让九泉之下的父亲不再孤独。

　　时钟敲响了午夜，只要再过几个小时，11月13日即将迈开脚步，一个崭新的一天即将开始。

　　1935 11月13日的清晨，当施剑翘从沉睡中醒来，内心却凉了半截，外面竟然下起了绵绵细雨。推开窗户，一阵潮湿的冷气扑面而来，施剑翘不禁打个寒战。秋雨连绵，下起来就是没完。焦急的施剑翘在房中急促地踱着步子。

　　屋檐下的雨水连成了线，滴滴答答地落在台阶上。那单调的声音吵得人心烦意乱。放眼窗外，触目所及，除了纷乱的雨丝，还是纷乱的雨丝。阴沉沉的天空，丝毫见不到放晴的迹象。

午饭过后，雨依然不紧不慢地滴答着，眼看听经的时间就要到了，这样的雨天，人们多数都不会出门，那么孙传芳还会去居士林听经吗？施剑翘感到有些沮丧，连连在屋子里唉声叹气。她把上了子弹的手枪从口袋里掏出来，胡乱披上一件上衣，打算先去居士林看看情况，再作打算。

走到冷清的居士林门前，见到三两个居士在走进走出。来到了大殿中，施剑翘彻底失望了。因为这天来听经的人真的少得可怜。平日里人满为患的听经殿里，三三两两的人零星坐着。这种情况下，那个孙传芳能来听经吗？施剑翘在内心不停地追问，外表还要故作镇定，不慌不忙地去选定之前筹划好的座位坐定。

今天讲经的还是富明法师，只见老和尚正襟危坐，侃侃而谈，好像并没有受到听众锐减的影响。一如既往，讲得非常起劲儿。

居士们正听得入迷，只见大殿的门被悄无声息地打开了。一位工友匆匆忙忙地走进来，直接走到前排孙传芳常坐的那把太师椅前，弯腰把一本经书放在椅面上，紧接着，孙传芳披着一件黑海青，迈着方步踱进了大殿。

"哎呀！"

施剑翘只觉得全身的血向上涌着，差点儿喊出了声，这样的"幸运"，连施剑翘都很意外。

施剑翘下意识地将手插进口袋，想要摸一下大衣内口袋里的手枪。落了空，她才想起来，坏了，手枪没有带来。施剑翘本想这样的天气，孙传芳是不会来居士林听经了。可是万万没想到，做样子的孙传芳做足了功夫。

眼看仇人就在眼前，计划了千百遍的情节已经铺展开来，可是手刃仇敌的勃朗宁却放在家里。施剑翘后悔极了，只得在心里连声咒骂自己，恨不得狠狠抽上自己几个巴掌。

"放下屠刀"就想"立地成佛"的孙传芳就在眼前。她该怎么办呢？多年筹划的刺杀行动就这样搁浅了吗？

要不，此时回去取枪？若是惊动了周围的居士，甚至是孙传芳该怎么办？可是，已经约定和中杰与中达今日动手，他们若是得不到消息，肯定会特别着急，再说，今天虽然下雨，但是来听经的人少，场面可控性更强，动手其实是最佳时机，这样千载难逢的机会不可能再有第二次了。

思来想去的施剑翘，最后还是决定回家取手枪，不再犹豫不决，免得拖延时间。

轻轻起身的施剑翘，小心翼翼地观察着周围的动静，生怕这样一个怪异的举动引起其他人的注意。成功溜出了大殿的施剑翘快步走了几步，连忙招呼了一辆黄包车，匆匆叫拉车的师傅赶快走。回到家中的施剑翘几步冲进了屋里，从抽屉中拿出了那支勃朗宁，放在大衣的内侧口袋，藏好，转身要往外走。

大利和二利看见了妈妈，都跑过来叫："娘，你干吗去，带我们去玩吧。"施剑翘来不及和孩子们多说话，她看了看大利和二利，两秒后狠心地一转身，直奔居士林去了。

当再次回到居士林的施剑翘，已经累得气喘吁吁。进入佛堂后，匆忙中瞥见孙传芳还在那里。于是长出了一口气，选定位置坐下。可是，之前侦察好的位置已经被别的居士占了。施剑翘只好退而求其次，坐在了后排。

富明法师抑扬顿挫的讲解声仍旧在大殿的上空回荡着，施剑翘在稍坐了一会儿后，心里稍微平静了一下。

她知道，对于刺杀这样的事情来说，绝佳的射击位置是至关重要的。所以，施剑翘现场侦察了地形，再一次甄选射击的位置。或许老天都在帮这个执着弱女子的忙。由于初冬将至，所以大殿里放置了火盆。而施剑翘就坐在火盆的旁边。或许是由于紧张，或许是因为刚才跑得太急，所以，只是一会儿的工夫，施剑翘已经是满头大汗了。所以她就和主事的人商量，能不能换到离火盆远一点的地方去坐。

主事的人看见汗如雨下的施剑翘，丝毫没有怀疑，于是欣然同意。这样，施剑翘巧妙地换到了孙传芳后面的位子坐下。

十年来，心中一直"挂念"的仇家就这样近在咫尺。施剑翘紧张得呼吸急促，双腿发抖。感到周身的血液都涌向了头颅。施剑翘努力地控制着自己的情绪，暗示自己不要害怕，不要紧张。十年来的一幕幕在她的眼前一一闪过。她幻想着十年前孙传芳虐杀父亲时的狰狞嘴脸和父亲倒在血泊中的惨象，手忍不住抖起来……过了一会儿施剑翘平复了情绪，定了定心神，狠狠盯着孙传芳的脑壳，恨不得下一秒就拔出手枪，射向这个魑魅。

"爹爹，你终于可以安息了，女儿为您伸冤报仇的时候到了！"

这么多年来的痛苦等待，拼命挣扎，已经让施剑翘无法忍受。她想要快点挣脱，她希望那一刻快点到来。

她右手下意识地挪到了大衣内侧，握住那支勃朗宁手枪。当血海深仇一时间全部涌向心头，施剑翘反而异常地平静。她打量了一下四周，没有人在注意她。

殿外，细雨丝；殿内，青烟缭绕。三十几名男女居士半痴半醉地听着经文。富明法师精神抖擞，口若悬河，滔滔不绝的诵经声，如同一片无形的网，笼罩了这些虔诚信奉者的心。尽管昨夜他们之中还有人在酒席上欢饮，在密室中谋划，可是此时，却也仿佛摆脱了人间的一切凡俗和苦恼，正在西方宁静的极乐世界中神游。

孙传芳孤零零地坐在第一排，他旁边的座位是空的——本来，身任林长的靳云鹏和他商定好一起来听经。可阴差阳错，靳云鹏却因雨爽约未到。

没有任何人注意到施剑翘的举动。孙传芳的卫士大概是不愿意跟着主人假装，都在大殿外闲逛。

这时，只听见"嘭、嘭、嘭"三声枪响，震惊四座。

施剑翘缓步走到孙传芳的右后方，右手的拇指扣动了扳机，三声枪响之后，孙传芳来不及作出反应，"扑通"一声倒在了血泊中。

事发突然，孙传芳都没来得及看一看是什么人夺了他的性命，就断了气。这位混世军阀，见证了太多人的死亡，今日，也被死神猝不及防地夺去了性命。

这三声枪响，迟来了十年。十年后的巨响，刺破了沉寂的时代。

寂静！死一般地寂静！阴森可怕的寂静！

法师半张着的嘴，停在时空的路口。随即，那几十颗在极乐世界中游荡的灵魂顷刻间归回了躯体。太师椅上的居士林理事长已然与世长辞，不知能否早登极乐。

在时空"暂停"了数秒之后，不知是哪位居士大喊了一声："啊——"，一声尖叫，提醒了尚未反应过来的人群。刹那间，呼喊声、惊叫声、带着哭音的求救声乱成了一团。

刚才还是彬彬有礼、虔诚礼佛的居士们，此时拼命地推着、挤着、喊着、叫着夺门而逃。他们不知道发生了什么，只是被那枪声和鲜血吓得魂飞魄散，求生的本能让他们四散奔走，想要迅速离开这个是非之地。

"大家不要怕！我是为父报仇。只杀一人，不伤无辜。"施剑翘大声呼喊。

四散的人群被突如其来的事件吓晕了头，根本没有人理会施剑翘的话，一会儿的工夫，大殿里就变得空荡荡的，只剩下发抖的施剑翘和瘫倒在太师椅上的孙传芳。

大仇已报，施剑翘忽然觉得浑身轻松。她定了定神，看向仇人的尸体。没有一丝生命迹象，只是歪躺在那里。随后她拨通了警察局的电话，决意自首。不久，施剑翘被前来的警察带走了……

十年的报仇之路，在今天走到了终点。这个终点来得太突然，又走得太漫长。让施剑翘不忍回首，不忍直视。她的一桩心事，在心里闷闷地堵了十年，终于迎来了终结。

第六章

法庭·
仇云散去,寂静救赎

民国报刊的新闻头条

"号外！号外！大军阀孙传芳被刺身亡，女刺客已经自首。卖报！卖报！"

暮秋时节的天津，街头巷尾的阴冷沉闷被一阵阵脆生生的报童卖报声划破，原本步履匆匆的行人纷纷停下脚步，围着报童买上一份新鲜出炉的《新天津报》。此时，距离施剑翘在居士林报仇惊魂仅过了不到三个小时的时间。

尽管第一时间知悉这桩惊天大案的记者下笔匆匆，许多细节语焉不详，但是略略数笔已经引起了看客们的极大兴趣：

> 本日下午三点半钟，孙传芳在南马路居士林诵经。正在跪地时候，被一身穿月白大褂之胖小姐用勃朗宁枪行刺。共发三枪，一枪中太阳，一枪中后腰，一枪中后脑。孙传芳当场倒地，气绝身亡。该小姐行刺后，自首到警局一分局二所，自称姓施。分局阎局长正在审讯中。施小姐名剑翘，说笑自若，态度安静，自称大仇已报，并发许多传单。又闻施剑翘为前直鲁军混成旅长施从滨之长女。施从滨在民国十四年在蚌埠被孙传芳斩首。此次报仇与该事有关云。
>
> 十一月十三日下午六点发
>
> （详情看明日本报）

曾经是称霸一方的大军阀，如今在众目睽睽下连中三枪当场毙命，凶手竟是一介女流？而且字里行间，这犯下滔天命案的女贼丝毫没有半点手足无措，倒是镇定自如，颇有一番女侠气概。

　　不过，办案的警官们可一点都不觉得猎奇，他们半点都不敢懈怠，这丢性命的可是在天津卫内一手遮天的孙传芳哪！而且案件还是发生在睽睽众目之下，如若不给个妥善的交代，没准是要陪葬的呢？

　　细数这油锅上的蚂蚁里面，蹦得最高的就是天津市警察一分局的局长阎家琦。在刺杀案发生的当天下午，他急急忙忙带着一大票巡警奔赴居士林，把案发现场的里里外外全都封锁起来，全副武装的巡警在居士林方圆几里内全都布了岗位。街面上的人家、商户苦不堪言，荷枪实弹的警官们黑着脸一家一户地敲门、询问，还得内内外外搜查一番。一时间，街坊邻里多了好几伙陌生的面孔，想来是奉命盯梢的便衣警察，吓得连一只苍蝇都飞不出来。

　　如此大阵仗也是情非得已。这么轰动的大案件，究竟有多少眼睛盯着看啊？且不说是好奇八卦的媒体和民众，就说这江湖人称"笑面虎"的孙传芳，这么个日本人百般争取的人物突然之间死于非命，日本军方以及各路军阀势力也都时刻关注着。

　　其实说起来，除了死者的身份特殊之外，居士林凶杀案实在好办得很。一来，光天化日之下行刺，人证、物证俱在，这立案程序分分钟就能搞定。二来，这位行刺的施小姐也实在爽快，立马投案自首，没有半点垂死挣扎和负隅顽抗，而且经过全方位排查和地毯式搜索，也并未发现任何同党的迹象。

可这明摆着的事情还是得好好审审啊！紧张自己头上这顶乌纱帽的阎家琦局长片刻不停，从案发现场赶回局里的审讯室，亲自来提审凶犯。

已经被戴上脚镣手镣的施剑翘依然是那身月白大褂，腰板挺得直直的，淡然正对着阎家琦质询的目光。其实，在见到施剑翘的那一刹那，阅人无数的阎家琦也有一点愣神，原以为嫌疑人一定是凶神恶煞的野路子，却万万没想到，站在他面前的是一位十分文静而坦然的妇人，看她体态稳重、动作缓慢，也不像是擅长舞枪弄棒的江湖中人。两人相对无言，默默对视的眼神里有种微妙的氛围在胶着，一向喜欢用出其不意的阴鸷凶狠的犀利眼神震住犯人的阎局长，竟然在这位面善的施小姐宁静清幽的眼神里败下阵来，只好尴尬地翻看着手中收集到的证物。

从现场散发的传单上看，这位"胆大包天"的施小姐是为父报仇的。施从滨的名号，阎家琦曾经是有所耳闻的。张宗昌部下第二军军长领军征战杀敌，自是有一番能耐。想来"虎父无犬女"，施剑翘像是等到了最佳的时辰，对着紧锁眉头的阎局长微微一笑，用不卑不亢的语调先声夺人，把阎家琦当作多年未见的熟人，讲起了这桩刺杀案的来龙去脉。从十年前，俘虏施从滨含冤被斩、暴尸三日的屈辱开始，把这一路下嫁施靖公、放开裹足、勤练枪法、刺杀准备等所有一切都和盘托出，将一个报仇少女的成长悲苦史赤裸裸地摆在了局长阎家琦面前，井井有条、有声有色。

曾有几时，阎家琦张开嘴巴想抛出一些疑问，或是说些什么也好，可却怎么也办不到。坐在对面的杀人凶手哪里像是在受审，分明是被局长邀请来闲谈叙旧的客人。施剑翘一身轻地侃侃而谈，言语十分具有条理，实在让眼前这位有审案"铁手"之称的警察局局长心生挫败之感。

阎家琦自觉无法凭一己之力，妥善地处理好这桩"显而易见"的刺杀案，于是连夜将施剑翘解往市公安局。

而在市公安局里，施剑翘见到了真正的"老相识"——天津市公安局长刘玉书。

若要论起辈分来，施剑翘还得叫刘玉书一声"叔叔"。十几年前，刘玉书和施从滨私交极好，甚至两人还换过兰谱，算是拜了把子的异性兄弟，这其中的情分可见一斑。不过，从另一方面说，刘玉书又曾是孙传芳的老部下，他深知如今孙传芳已经下野了，而且也死于非命，但是他手下的残余势力可不是好惹的。

对于这位刚烈的施家侄女，他是既心疼，又觉得惋惜。施剑翘含恨十年，为父报仇，这也是为他刘玉书的结拜兄长雪耻啊。可如今这事儿闹大了，他有心想要保全施剑翘倒竟是无处下手，现在人在他的手头上至少可以保她不受严刑拷打之苦，但是恐怕如果让外界，尤其是孙传芳的部下们知道他和施从滨曾经是拜把子兄弟，他也难保不引火上身。

果真是到了进退维谷的时候，刘玉书辗转了一夜都未曾闭眼，思来想去，干脆明哲保身，于是他索性挂出免战牌，装病休假，把这个烫手山芋交给第三科的马科长审理。

之所以选择马科长当然是看中他的机灵劲儿，刘局长为这个案件左右为难的模样，马科长都看在眼里，想在心里。连局长大人都挠头的事儿，他必然也是解决不了的，索性走走过场，不必较真审问，然后便把凶犯移交给天津市地方法院了。

无论公安局还是地方法院，对于报仇大业已经完成的施剑翘而言，在哪里都无所谓了，即将面对什么样的刑罚也没关系了。不过她还不知道，在这堵高墙之外，民间舆论的浪潮已经风起云涌了。

自从居士林的枪声响起，一时间，"施从滨有女报仇，孙传芳佛堂毙死"的消息不胫而走，成了当时人人关注的爆炸性新闻，登上了全国各地报纸的头条新闻。天津、北平、上海、南京，甚至是国外的一些报刊也都争先恐后地刊登有关报道。如今，各路的长枪短炮都把目光集中到了天津市地方法院。

而在众多密切关注整体事态进展的人群中，有一个焦急的身影尤为引人注目。这个风尘仆仆的小身板在看守所门外来回徘徊，向把守的狱卒说尽了好话，恳求让他们通融通融，说她想见见被关押在此的施剑翘。

此时的施剑翘正坐在看守所冰凉的硬床板上，身边没有一个人，只有四面阴冷的墙壁作伴。如此的寂寥算不上什么，徒有一身大仇已报的畅快，压在心头十年之久的大山一旦搬开，就没什么好顾忌的了。当然，她也没想过自己现今能毫发无损地坐在这里，她一直认为，也许在向孙传芳开枪之后，就会被在场的部下当场乱枪打死。也许无法做到一枪毙命，得对战几个回合，又也许为了免受凌辱，在当场自戕身亡也是在考虑范围内的。

"得报亲仇恨已消,芳兰总有一时凋。从今拜别萱堂去,一点灵犀上九霄。"已经提前写下绝命诗的施剑翘现在像是偷回来的一条命,身处囚室之中,周遭肃静的一切倒让她生出了其他念想。她想起了家中年事已高的老母亲,听闻人仇已报,是否会畅快淋漓呢,还是会为女儿犯下不可挽回的命案而难过?家中还未长大成人的大利、二利现在怎么样了?暮秋凉气见长的夜里,他们会不会吵着要见见娘亲?还有弟弟妹妹们,是不是因为此事受到牵连?

所有的一切如潮水一样涌上心头,把报仇的快意一点点消散后,只剩下满满的忧虑。就在施剑翘陷入恼人的情绪不可自拔之时,看守所的狱卒敲开了她囚室的门,说是有人探监。

此时探监,会是谁呢?

房门打开后,站在施剑翘面前的是一位泪流满面、风尘仆仆的少女,原来是她的妹妹施纫兰。施剑翘腾地一下,从床上站了起来,快步走到妹妹身边,紧紧地抓着她的手。看着舟车劳顿的妹妹,还有她沾满灰尘的脸颊,施剑翘终于忍不住了,抱着妹妹无声地呜咽,把这几天积攒在心里的难以言说的情绪一下子都爆发出来了。

过了良久,施剑翘缓缓地开口,问起了突然出现在眼前的施纫兰:"你不是在济南读书吗?怎么跑来天津了?"

"我在济南得到消息就跑回来了。"施纫兰擦干脸上的眼泪说。

连济南都知道了?施剑翘不免有些惊讶。两姐妹坐在床边上,慢慢地聊起了各种曲折。

原来,因为媒体的大肆报道,全国各地都发了号外,济南也不例外。听到同学聊起"施剑翘"三个字的时候,施纫兰并不在意,可当同学们直夸这个"施剑翘"实在好胆识,一介女流竟敢开枪打死孙传芳。施纫兰突然有种不好的预感,这"施剑翘"难道是大姐施谷兰。将信将疑的她赶忙在报亭买了张报纸,正好上面的头条新闻就是"孙传芳被刺"事件。新闻里写到这位刺杀孙传芳的施小姐是为父亲施从滨报仇雪恨。

看到这里,施纫兰知道大事不好了,于是赶紧跟学校请了假,买了张火车票就直奔天津而来。火车上,只要是有人的地方就在议论这起案件。处处都在谈论孙传芳被刺,但就舆论导向来看,几乎个个都不得不佩服施剑翘这位女中豪杰。

到了天津的地界,担心家里情况的施纫兰先回了趟家,看到家中仆人们安然无恙,施纫兰就来到了看守所,靠着关系疏通了狱卒,这才得以和姐姐会面。

不过,见到精神状态还算不错的姐姐,施纫兰悬着的一颗心总算落地了。

"姐姐你放心,家里都挺好的。大利和二利都很听话,也不闹腾,这段时间我在家里肯定会好好照顾他们的。至于母亲那里,她也是见惯大场面的,加上我们兄妹几个好生宽慰,她也会相安无事的。"施纫兰一一地说起了家中的情况,边说边看了眼门外的狱卒,悄悄拉近姐妹两人的距离,小声地继续说道,"中杰哥让我告诉你,他已经请了律师,社会舆论也会支持我们,这场官司,咱们准能赢!"

看着妹妹坚定的眼神,施剑翘缓缓地点点头。又过了一会儿,探监时间到,施纫兰不得不和姐姐告别。再一次独自面对空荡荡的牢房，施剑翘的心里却升起了一股莫名的力量，她细细回味着妹妹刚才所说的话，想起了一双儿子乖巧的脸庞以及母亲慈爱的微笑，施剑翘觉得事情似乎没有那么糟。也许，她还有明天值得等待……

不是鱼死，就是网破

在冰凉的牢房里待了四天的施剑翘终于迎来了重见天日的机会。11月17日，这一天，是天津市地方法院开庭审理施剑翘一案的日子。

天刚蒙蒙亮的时候，施剑翘就起床了，她向狱卒要了点洗漱的清水，庄重地将杂乱的头发一丝丝整理服帖。把行刺时穿在身上的月白长裙换成了藏蓝色旗袍，还套上青色毛背心，让自己看起来精神点。她知道，今天得站在世人面前，将自己这十年的心路历程公之于众，背负着道德审判的她要走上法律的审判席，无论如何，这段不长的庭审之路，她要昂首挺胸地走过去。

这些天来，家里不断来人看她，他们还找了很有名的辩护律师余启昌和胡学骞。通过询问、交流，施剑翘了解到，根据当时的法律，杀人犯因情况不同可判十年以上有期徒刑，甚至是死刑。但是，如果凶犯自首成立，可将十年的最低限减为五年。再加之"情可悯恕"，也就是说可以得到社会和法律的怜悯和宽恕，又可将徒刑减至两年半。

施家人原以为所谓"情可悯恕"的情况实在难以达到，但是余启昌和胡学骞所举的实例让他们重新燃起了希望。原来，就在一年前，另一个军阀首领张宗昌也是被刺身亡，杀人者就是西北军将领郑金声的儿子郑继成。为父报仇雪恨，郑继成亲手杀死张宗昌，到了庭审阶段，法院方面认为郑继成"理由正当，义气可嘉"，竟获得特赦。

和施剑翘一样起了个大早的还有一众想目睹女中豪杰风采的人们。从清晨5时开始，天津市地方法院的门口就挤满了领旁听证的人。其实，在施剑翘刺杀孙传芳之后，天津市公安局以及地方法院不断收到社会各界人士写来的赞誉信，信中无不称颂施剑翘的英雄壮举，更有人一再表示愿意毫无代价地承担这一案件的诉讼事务。这些信件以及社会的舆论导向不得不成为地方法院庭审时重要的参考选项。

开庭时间一到，翘首期盼的媒体记者和慕名而来的围观群众们蜂拥而至，威严的法官坐在正中的特设座位上，双方聘请的律师分庭抗衡，严阵以待。剑拔弩张的气氛在法庭上无声地蔓延开来。

随着传召铃声响起，施剑翘缓缓走上了被告人的位置。

原告席上坐的，正是孙传芳的长子孙家震。时年28岁的孙家长子其实对其父亲昔日所为并不知情，但是这一刻，年轻的他只是满怀对杀父仇人的怨恨，甚至还是和施纫兰搭乘同一列火车从济南赶回的天津。与施家希望借助舆论的力量引起民众和法官的"情可悯恕"一样，孙家也做足了准备，他们操纵的舆论机器也是不停顿地运作。

孙传芳的结拜兄弟兼干将卢香亭出面召开记者招待会，散布流言，混淆视听，要求必须严惩凶手。同时，他们又施以重金，请到了三位颇有声望的律师。所以，在讲述原告人的状词时，孙家震还是一副理直气壮的样子，因为他认为自己是受害者，法庭必然会倒向自己这一边。

轮到讯问施剑翘时，在场的旁听人员都屏住呼吸。施剑翘对法官所讯问的姓名、籍贯、杀人动机等问题一一如实回答，不过至于凶器来源一问，按照同弟弟商量过的方法，她做了隐瞒。

紧接着，被传唤上庭的目击证人是两位居士林的和尚，一位是住持富明，另一位是看电话的和尚东海。

本来出家人深居简出，很少有机会站在众目睽睽之下，更何况是为命案出庭做证，这在当时的天津司法界十分罕见。所以，当富明和东海两位出家人身穿宽大长袍走上证人席时，引起了现场的一阵骚动，记者们纷纷拿出相机记录下这不寻常的一幕。

两位师父在法庭上叙述了自己所看到的一幕：当日孙传芳同平时一样来到居士林听解经讲佛，与其他信众同坐在佛堂之上。不一会儿，只听到三声枪响，孙传芳瞬间中枪倒在地上，随之响起的是一个女子的喊声："不要害怕"。接着，他们眼见那女子直奔电话房，声称要给公安局打电话自首。正在拨号之际，警察冲进来了，那女子立即交出手枪投案。

在两位居士林的和尚讲述完证词之后，下一位上庭的证人是第一个进屋看到施剑翘的分段警察王化南。

王化南是居士林警区的警所门岗，这是距离居士林最近的警所了，仅有一百来米远。作为第一个抵达犯罪现场的官方人士，操着河北口音的王化南向大家叙述了自己当天的所见所闻：

"十三号下午，我正在警所门口站岗，就见居士林的号房气喘吁吁地跑来说：'了不得了！庙里快要打死人啦！'我赶快跑过去，只见居士们慌慌张张地东窜西跑。我不知道凶手是谁，也不知被害者是谁。正要打听，就听一个人说：'开枪的在电话间里。'我跑向电话间，进门时，这女子正脸朝里面打电话，一回身见到我，就把电话放下了。没等我发问，她劈头便说：'我杀了人，你带我去自首。'随后，她又交出一支勃朗宁式手枪，里边还有三发子弹。"

如此一来，在场的人可都是听明白了，施剑翘犯案之后，确实有自首情节。施剑翘和家人也都松了一口气，自首情节一定性，这官司就好打了。听了三位证人的证词后，法官宣布先休庭。

随着法官手上的摇铃声响起，在场的记者们立马夺门而出，第一时间赶回报社，用打字机敲下了隔天的新闻头条——《有力的证言——警察供明凶犯自首》。

首战告捷，此后庭审的重点就是施剑翘案是否属于"情可悯恕"的范畴。

重新开庭之后，孙家聘请的律师就列出了施剑翘应当判重刑的"三宗罪"："杀人有罪，法律具有明文。法院门户洞开，有冤情尽可以依法起诉：施女无视国法，即是不信赖政府，此其罪行之一。孙施两家结仇于十年前，当时两军交战，施从滨为孙传芳手下败将，败而不降，当诛勿论。何况当时两军相争，难分曲直，以此结缘，杀人报仇，实不可悯恕，此其罪行之二。施剑翘刺杀孙传芳出于冷酷，手段残忍；犯罪之后，不但不自惭伏法，反以胆量过人而炫耀自己，蛊惑人心，此其罪行之三。以此三条罪行，足应重判，否则必将助长暗杀之风与报复之悲剧。"

如此简单粗暴的"三宗罪"一出,法庭上下立刻一片哗然,知道案件曲折的人都被这派信口胡言气得直跺脚。就连一直淡定自若的施剑翘也恨恨地咬着牙,急火攻心,突然感觉眼前一阵发黑。

"两军交战,不可虐杀俘虏,自古皆然,何况是现代战争?孙传芳一不听部下进劝,二不将俘虏送交军事法庭审判,擅自作主,杀人取乐,已属不该。更有甚者,他竟然下令用铁丝把施从滨绑缚至蚌埠车站,慢刀割头,悬首暴尸,上挂红布白字条幅'新任督抚施从滨之头',以示讥讽。这不能不构成虐杀,引起孙施两家之私仇。"就在大家议论纷纷之时,施剑翘的律师起身反驳,他语调沉痛,字字珠玑,句句反驳,当众谴责对方颠倒黑白。

眼看着法庭上下一众人等陷入沉思,辩方律师继续深情地说道:"施女孤苦无依,欲告无门,决心舍生取义,为父报仇。其笃志十年,孝心耿耿,刚毅勇为,广得社会同情。'情可悯恕'一条当可成立。望法庭依法酌予减刑,以维人权,且砥砺社会人心。"

此言一出,全场静然,旁听席鸦雀无声,甚至在场的一些女听众都抹起了眼泪,为施剑翘愤愤不平。不过,通过几次出庭,施剑翘也逐渐看出了一些名堂,从对方律师引经据典的侃侃陈词中,她知道了何为诡辩?更让她心寒的是在法官的脸上,她看到了偏袒和狡诈。

在原告、被告双方又一次僵持不下时,法庭再次传证人警察王化南。

"你到居士林前,知不知道里面杀了人?"控方律师咄咄逼人,把之前问了好几遍的问题又搬了出来。

"不知道,号房只说要杀人,他本人也没看见,只听见有人往外边跑边喊,也就跟着跑了出来。"

"你真的不知道吗?"威严的法官大人开口了,看到一脸无措的王化南摇头,法官继续提高嗓音说道,"号房果真和你这样说的吗?做假证可要承担法律责任的。"

听到这里,王化南慌了,怎么就变成做假证了?明明说的都是实话啊?

"你再好好想想:你进到电话间,是不是你举着枪,凶犯才交出凶器的?"

法官再次开口,法庭里嘘声一片,这不是明摆着在诱供吗?第一次庭审就定性的"自首情节"现在却要回头另审,看来是狗急跳墙了!

这一头,辩方律师坐不住了,他气愤地站起来,用强硬的语气对法官说:"如果再这样继续问下去,证人就要开始说瞎话了!"

坐在被告席上的施剑翘不能随意开口说话,但是法庭上各方势力的斡旋她都看在眼里。原以为法院和法官代表的是公平和正义,现在看来却不尽然。她盯着法庭上那方天平的标识,瞬间觉得很讽刺,所谓的"公正廉明"在金钱和权力面前,只是虚伪的"遮羞布"罢了。

经过一个多月的反复争辩,天津市地方法院于1935年12月16日对施剑翘一案做出裁决,认为施剑翘为报父仇,杀死孙传芳,理由成立,杀人后自首成立。但情不可悯,故判处她有期徒刑十年。

宣判结束不久后，孙传芳之子孙家震即向院方提出抗议，并拿出了早已写好的上诉书，要求对施剑翘重新处以严刑，并偿付孙家四万五千元殡葬费和十万元抚恤金。与此同时，一位名叫涂璋的检察官不知从什么地方钻出来，声称施剑翘的自首不能成立，天津地方法院量刑太轻，他要向河北省高等法院提出抗诉。

看着对方一众跳梁小丑的疯狂反扑，本已平静的施剑翘终于被激怒了。孙传芳已经死了，但是他的余党仍然在不知收敛，她的斗志再次被激起。

"我本抱着必死的决心为父报仇，今日能够幸存已是意料之外，十年的徒刑对我来说不算什么！可是，法庭审判中以势压人，这口气我不能受。他们孙家恬不知耻，要加以重刑，还要赔偿钱款。好吧，既然他们上诉，我也不服判决，咱们高等法院上见！"憋着一肚子火的施剑翘一股脑儿地向自己的辩方律师说出心中愤慨。

这回，施剑翘再也不想息事宁人，她暗暗下定决心，一定要抖擞起精神，和这群为非作歹的势利小人，在没有硝烟的战场上，好好较量一番，杀他个你死我活。

就这样，另一场恶战即将打响。不是鱼死，就是网破，豁出去了！

判决书后的各方动作

河北高等法院开庭审理施剑翘一案的时间定在 1936 年 1 月 28 日。这个消息还是堂弟施中权到看守所探望施剑翘时告诉她的。在与堂弟的言谈中,施剑翘也得知如今的形势不容乐观。

原来,孙家人为了推翻前审判决,严加重刑,花了大价钱从中作梗,上上下下都打点了一番。

"以前听人讲,'有理走遍天下,无理寸步难行',觉得确实有道理。现在看来,'衙门口朝南开,有理无钱莫进来',才是千真万确。在法庭上,我多次要求发言,他们都不允许。事情明摆着,咱们钱没送上,他们就堵我的嘴。这一次,只要有机会,我定要在法庭上据理力争,豁出去担个'扰乱法庭'的罪名,多判几年徒刑,也要让世人知道这群身披公正外衣的势利小人!"施剑翘强忍着泪水,攥紧了双手。

等待高等法院开庭的这些日子,她一直住在天津市地方法院的这个看守所里,她已经看够了底层民众被恶势力剥削、压迫的苦日子了。在看守所的日子里,或许是由于施剑翘的身份和案子都特殊,所以看守们对她都相当客气。她住的牢房没有上锁,出入都很是自由。借着给难友们代笔写信的机会,她平生第一次与同她社会地位极其悬殊的人有了接触，耳闻目睹了许许多多她过去从未领略过的东西。对这一切，她感到十分惊讶、气愤，又感到迷惑不解。社会竟然如此黑暗、龌龊，善良的人处处遭受欺凌。

当堂弟无意中透露天津的祖宅已经变卖了，施剑翘顿感无力。她早已料到家中的存款支撑不住这次打官司的费用，但是这么快就出卖房产，却是她意想不到的。天津这所房子，是她父亲亲手置下的，顷刻之间落入他人之手，如何让她不黯然神伤。

就像她所同情、理解的看守所里的那些穷人一样，贫穷酿成了种种罪行，带来了不同程度的不幸。这样的社会如何得以改善？这样的人们如何可以自由？而自己，只不过是身陷囹圄的一名囚犯……

这一夜，施剑翘未曾入眠。在偌大点的牢房里来回踱步，房间里头是四面寡淡的墙，而房门之外更是高高的铜墙铁壁。越过墙头，便是灰蒙蒙的天空，看守所的院落里，目之所及皆是灰黄色的尘土，寸草不生，一切都了无生趣。

　　舍身诛贼报亲恩，
　　三响砰然客断魂。
　　闺阁玩枪君莫笑，
　　剑翘生长在侯门。

　　血溅佛堂经染腥，
　　自投法院甘受刑。
　　亲仇已报无遗憾，

犹想萱堂老寿星。

剑翘本未脱天真，
一点愚忱幸已伸。
但乞天怜随妾愿，
来生不做女儿身。

漫漫不眠夜，施剑翘提笔写下这首自叙诗。后来，她在看守所里写就的诗通过家人携带出看守所，当时的报刊争先恐后加以刊载。人们本来对她的义举感到惊异，见到她的诗作后，更增添了几分钦佩。一时，来自全国各地的应和之作，如雪片一样纷沓而来，要求为她减刑的文章接二连三在报纸上出现。所有人都焦虑地期待着河北省高等法院的最后裁决。

弹指之间，1月28日的开庭眼看就要到了。腊月前后的天津是一年中最冷的时候，不过一阵紧似一阵呼啸而过的西北风并未吹退人们观战的热忱。当天上午，河北省高等法院门前早早排起了长队，等待法院大门一开，领着旁听证入席。

不过从这一刻开始，施家人已经见识到孙家"有钱能使鬼推磨"的厉害之处了。离正式开庭不到半小时，法警就开始驱逐排队取号的人群，声称三十张旁听证早已发完了。

此言一出，人群瞬间炸开了。要知道按照惯例，旁听证总共有两百张，怎么这回缩减到三十张？而且，这个队伍是一大早就排起来的，就算只有三十张旁听证，那为何队伍最前端的人一张都没领到呢？

面对群众的质疑，法警无言以对，只能强势回应，他们抽出腰间的警棍，对着人群虚晃几枪，然后灰溜溜地进门，把等待的人群隔在了铁门之外。

而此时铁门之内，空荡荡的庭审现场，一位50岁上下的法官端坐正中间，法庭进出口处却站着十来个虎视眈眈的警察，一股压迫感在法庭内蔓延。

站在被告席上的施剑翘无视这种人为的压迫感，依然挺直了腰板，不卑不亢地看着所有人，等待着公正的裁决。

率先发言的是天津市地方法院的检察官，他一上来就对原审认定的"自首"一节进行抗诉。在一口气背出《六法全书》中的好多条款之后，他声称：被告施剑翘虽有自首之意，却并无自首的行动。报案的是号房刘恕修，并非被告本身；警察王化南是前来逮捕犯人，与被告没有任何关系；施剑翘在电话间里的交代只能说是自白，不能算是自首成立。

检察官的话音刚落，法官便用带有得意之色的语气问道："被告施剑翘，你杀人后为何不直接去公安局自首？"

看着检察官和法官两人之间的"双簧"，施剑翘不禁冷笑道："我在杀孙传芳之前，为了表明心志，事先准备好了传单和《告国人书》。传单共六十张，张张印着我的拇指印。上面还明明白白地写着：'大仇已报，我即向警察局自首。'杀孙以后，我立即散发了传单，并喊着要人带我去警察局自首。以上情节，按法律规定算不算自首？"

施剑翘略微停顿了一会儿，环视了法庭一周，继续说道："我喊叫无人，又不敢离开出事地点，旋即找到电话间往警察局打电话。我先是让和尚给我打,他吓得直打哆嗦,说不出话,我只好自己拨号。警察进来,未等他开口,我就交出了手枪,表明自首之意。天津市地方法院审理此案时,传唤过上述证人,并当庭留有证词,法官可以检查。"

未等法官开口,施剑翘抢先一步:"刚才法官问我,为何不直接去警察局自首?对此,我有些不解。我想请教一句,若是我走到半路被抓,你是按投案处理,还是畏罪潜逃对待?假如以上情节属实,自首依然不能成立,那么,法律上自首一节岂不是虚设。说句不该说的话,如果我不想自首,按当时的情景,十个施剑翘也跑得无影无踪了。我想,在座诸公无不精通法典,深明大义,自能作出公断。"

刚要张口说话的法官被施剑翘这么一堵,竟也无言以对。堂堂高等法院法官被一个女犯人问得瞠目结舌,实在太失面子了。可是大庭广众之下又不好发作,只能弱弱地让施剑翘不要离题太远,立马搬出市地方法院的检察官,试图让他挽回局面。怎么知道,刚才还咄咄逼人的检察官,到了这儿也被施剑翘的一席话冲击得够呛,站起来支支吾吾地说了几句不知所云,便没下文了。

罢了罢了,法官看到如此场景也不再勉强,他调整了坐姿,似乎对接下来的抗辩很有把握。

果然,让辩方律师措手不及的情况出现了。

当辩方律师打算乘胜追击,请法院传唤证人出庭时,接连收到了几个"不巧"的消息:居士林警所的王化南已经被开除,不知去向;号房刘恕修也被解雇了,本人已经返回察哈尔老家。

现在只有居士林住持富明法师和看电话的和尚东海现在正在法庭外候命。

而这富明法师和东海和尚就像变了个人似的，未等在证人席前站稳，就哆嗦着嘴唇开口说，孙传芳被刺之时，他们只听到三声枪响，随后即昏头涨脑地跑开了，别的什么也没听到，更没有看到。

至此，端坐在审判席之上的法官似乎终于松了口气，他清了清嗓子，宣布道："经本法庭调查核实，被告自首一事无有确凿证据，天津地方法院认定自首一节不能成立……"

他的判词还没讲完，一个愤怒的声音突然响起。

"你们身为法官，竟然趋炎附势，不辨是非曲直，就不怕玷污这神圣的法庭吗！王化南和刘恕修被驱走，无非是他们说了几句实话。居士林是孙传芳出资办的，和尚吃着孙家的饭，在这里改口做伪证，替孙传芳遮掩一下，尚有情可原。你们拿着国家的薪俸，却一味屈从孙家的淫威，莫不也是拿了他们的钱？告诉你们，我为父报仇，早已将生死置之度外，还怕坐牢！我相信公理，决不相信强权和金钱。只要你们改变不了历史，最后的胜利，还是施剑翘。"

施剑翘实在忍无可忍了，她再也压抑不住心中的愤怒，使劲拍了一下被告席前的横木，指着法官的鼻子破口大骂："我的《告国人书》，为什么迟迟不许见报？见报之后，为什么把孙传芳勾结土肥原的文字删去？孙传芳多年来不仅挑动军阀混战，荼毒民众，而且阻挡北伐，镇压革命，卖国求荣。他造下的孽岂止殃及我施剑翘一家！你们是不是中国人？有没有一点中国人的良心？为什么甘心做这种为虎作伥的行为？"

法庭内顿时乱成一团，施剑翘掷地有声的质问把法官的脸都给问黑了。法官拼命晃动铜铃，企图阻止施剑翘的发言。可是这微弱的铃声如何压得住施剑翘心中积攒多时的愤恨。

眼看着法庭秩序维持不下了，法官连忙喊来法警将侃侃而谈的施剑翘强行带出去。这场万众瞩目的河北省高等法院对施剑翘案的第一次开庭审理就如此草草收场。

第二天，《新天津报》的头条，不是记者写的案件报道，而是施剑翘亲笔写就的陈情书：

"……公理何存？司法威信安在？夫翘自首一节，问诸检察官及司法者之良心，恐亦不能否认。徒以投鼠忌器，情势使然，此翘之自首不能成立主要原因也。历来孤立无援之辈，与财势两全者未之有也，翘也何人焉，能逃此旧律……总之，翘之自首如此明显尚不能成立，恐法律所定自首之条，等于虚设。翘之自首成立与否，不过减刑之多寡。翘本必死之决心为父报仇，死且不惧，何况徒刑？不过以此类推，为无数之苦难同胞牺牲在金钱势力之下者悲也。"

此文一出，全国舆论界顿时哗然，各地声援施剑翘、指责河北高等法院和天津地方法院的文章陆续见报。但是，各界人士的呼吁和谴责尽管造成浩大声势，但是收效甚微。

最终，河北高等法院向世人公示的判决书是减刑三年。可减刑的原因却与前次审判截然相反，认为自首不能成立，但是杀人动机出于"孝道""情可悯恕"。想来，这河北高等法院想做笔便宜买卖，"自首不能成立"对孙家是个安抚，而"出于孝道，情可悯恕"则是对施家的宽慰。减刑三年，不痛不痒，也算是对社会舆论的交代吧。

可是，这种单方面的便宜买卖不是那么好做。施剑翘就是第一个不服。

宣判当天，有记者采访到施剑翘，她直言："徒刑虽然减了三年，可是自首却不能成立，这明明是他们在搞鬼。我已经告诉律师不服宣判，还要继续和他们斗一斗。"

这回，施剑翘的"斗一斗"不是为了自己。因为短短两个月的审讯和监禁生活使她尝遍了人间的酸甜苦辣，困难和挫折深深地教育了施剑翘。她决心一切从头学起，投身到惊天动地的事业之中，向罪恶的黑暗开战！

开战的第一炮便是在《新天津报》上刊登了施剑翘在看守所里写的文章——《亲爱的同胞，赶快奋力兴起吧》。

在文章里，施剑翘慷慨陈词，抨击了几千年来"女子无才便是德"的荒谬论调。鼓动女同胞们走出家庭，走向社会积极参加社会活动，认清时代潮流，要在社会中争平等，洗刷几千年来被压迫的耻辱。

"来救我们将亡的中国。要知道覆巢之下，是不会有完卵的。到了国破家亡的时候，不管你是知识分子，还是资本家，一律平等，都得去当亡国奴的！亲爱的同胞们，是时候了，赶快一齐努力吧！"

　　经此一役，施剑翘蜕变了。她不再是纠结于家恨，她要为国仇振臂呼喊。曾几何时，这个眼光只盯着自己家庭的女子，在自己的胸怀中装下了整个祖国、整个世界！

 高墙里的火焰

也许是施剑翘在报纸上刊登的豪言壮语给当权者打了一记响亮的耳光，又或是孙家耗尽大量钱财、搭上无数关系，决心要置施剑翘于死地，总之，前方并未传来好消息。

1936 年 8 月 13 日，南京最高法院宣布，驳回施剑翘的上诉，维持河北省高等法院监禁七年的原判。施剑翘随即被解往天津第三模范监狱，开始了暗无天日的牢狱生活。

南京最高法院的判决下来之后，舆论更加哗然，各路人马纷纷为施剑翘振臂大呼，可是无奈收效甚微。而在天津第三模范监狱里，高墙里的火焰也是越燃越烈。

初到这里时，刚走下囚车的施剑翘抬头看看扯着电网的高墙，连眉头也没皱一下，便快步走进监狱的大门，却不知道这大门之内有个势利小人正在等着她！

这个势利小人就是天津第三模范监狱的典狱长杨典。说起来实在讽刺，这所监狱冠以"模范"的头衔，可哪里有一点模范的样子，且不说环境和食物实在糟糕得很，就这位满脸横肉、又矮又胖的杨典狱长已经很倒人胃口了。

照理说，施剑翘跟他素未谋面、无冤无仇的，应该不至于有什么瓜葛。可这杨典狱长一开始就给施剑翘来了个"下马威"。

"这个地方可不比外边。不管是太太、小姐，日子过得总有那么一点儿不大舒服。好在你时间也不长，就七年而已，算算大概也就两千五百多天吧。熬一熬就过去了。不过，熬不过去的话，那可就对不起喽！"姓杨的一边把牢房的钥匙抛得老高，一边刻薄地说。

施剑翘暗自冷笑一声，连看都懒得看他一眼，任他自导自演一番。如今的处境，她也不是没想过，所谓的"牢狱之灾"肯定是不指望有什么太平日子过了。自从施剑翘在庭上大骂、在报纸上大发救国议论开始，她就对自己的下半生不抱有什么奢望了。只是这会儿在别人的地盘上，自己是案板上的鱼肉，任人宰割。刚进监狱，情况不明，她不敢贸然行事，只好强压住胸中的怒气。

她随着看守来到牢房，"咔嚓"一声，摘下阴森森的铁锁，看守用力推开冰冷的铁门，一把将施剑翘推了进去。这是一间阴暗潮湿的小房子，墙壁是灰黑色的，上面乱七八糟地画着些莫名其妙的道道。只有一本书那么大的窗户上钉着两根铁条，微弱的光线从铁条的空隙中投射进来，模模糊糊地可以辨认出墙角靠着一张三条腿的破桌子和一个马桶。面对桌子和马桶，是一张用砖头和木板搭起来的床，床上的被褥又硬又潮，满是油腻。

目之所及，全是一片悲戚，不过此刻的施剑翘没什么可害怕的。就算是面对这个势利刻薄的典狱长，还是穿上一身肮脏破烂的灰色囚服，她并不为自己的所作所为感到后悔。

看着胸前缝着的"一〇八"三个字码，施剑翘禁不住自嘲地笑起来，脑子里又蹦出了四句诗：

监中一律号衣新，大领穿来另有神。

换罢囚装羞对镜，剑翘又似出家人。

施剑翘诗兴大发，便转身走向牢门，朝着门外大喊，想跟狱卒索要自己来时带的纸和笔。可是，偌大个监狱却没人回应她，只有空荡荡的走廊响起了自己愤怒的回声。

不甘心的她猛地擂起大牢的铁门，响着这阵恼人的擂门声经久不衰。不一会儿，那个又矮又胖的典狱长出现了，他腆着肚子，站在门外，幸灾乐祸地瞅着施剑翘。

"我来的时候带了纸和笔，现在把那些东西给我吧！"施剑翘耐着性子好言道。

"施大小姐，你以为你现在还是住着单间，一日三餐有人服侍你的军官太太啊？这里是监狱，不是你家的书房，还纸和笔呢，要那玩意儿干吗？按照我们这儿的规矩，凡是带来的所有物品都得没收，你就别瞎折腾了！"典狱长恨恨地抛下几句话，又把两个粗瓷碗搁到施剑翘面前，无视她气得发红的脸，便哼着小曲儿，得意地走开了。

这样的猖狂模样，可真的把施剑翘气到了，她从来没想到，这所"模范"监狱的头儿竟是这么无耻的一个小人。然而，当施剑翘俯下身，凑近盛着晚饭的两个粗瓷碗时，她心里不由得发起紧来。眼前的这两个碗，一个放着两个玉米面窝头，另一个盛着黑乎乎的菜汤。玉米面窝头硬得像两块石头，里面隐约还掺了土黄的沙子，而透着一股浓浓泔水味的菜汤上面，竟然还漂着一条白色的蛆虫，似乎还蠕动了几下……

在世为人近三十年，施剑翘哪里吃过这样的东西啊！虽然施家现在并非大富大贵之家，但是好歹也是温饱不愁的小康之家，书香门第出身的世家小姐未曾受过如此的苦。可是又有什么办法呢？听着别的牢房里碗筷相碰撞的声音，尽管施剑翘半点食欲都没有，但是她还自我安慰道：好汉不吃眼前亏，别人能吃的我也能吃，可得先保存好体力，不然怎么跟这帮恶势力斗呢？

心里这么想着，施剑翘闭了眼睛，下了决心，便硬着头皮张开了嘴。可决心是下了，但牙齿分明被那玉米窝头硌得死疼，那加了"料"的菜汤又苦又涩，实在难以下咽。猛地"哇"地一下，施剑翘忍不住，一下子把好不容易咽下去的东西全部吐了出来，胃里像是翻江倒海一般，一口接一口的酸水冲出了喉咙。

等稍微缓过劲来，施剑翘立马把那两个粗瓷碗推得远远的，她实在不想再看到那浑浊汤面上的蛆虫了。而此后的整整三天，施剑翘滴水未进，可狱卒送进来的还是不变的粗瓷碗，这时的她已经饿得没办法了，碗里散发出的气味也仿佛变得好闻了些。于是她只得勉强地下床，啃了几口玉米面窝头，只是那菜汤她是怎么也不肯碰了。

就这几天的工夫，她的脸盘儿生生地瘦了一圈，监狱里的饭吃也不是，不吃也不是，天天胃痛腹泻，还胸口憋得生疼，苦不堪言。只想着待到家属探望日再好生让家里人送些可口的饭菜，再带几件衣物和几本书。

好不容易盼到了接见日当天，施剑翘一大早就爬了起来，眼巴巴地望着牢门，等着"一〇八"囚号声响起。可是，等了好久，始终没有人来召唤她。怎么可能呢？家里人肯定也想知道她在牢里的情况，莫非有人从中作梗？施剑翘焦躁不安地来回踱步，不知过了多长时间，走廊里响起了"咔嚓、咔嚓"的上锁声，随后整个第三模范监狱又恢复了它那死亡一样的宁静。看来，家属探望时间已经过去了……

自知无望的施剑翘一下子瘫坐在了冰冷的囚床上，她绝望地环视四周，顿觉讽刺，这所第三监狱自称模范监狱，墙上到处贴着"忠孝仁爱，信义和平"，门面装得挺像，可监狱里却像暗无天日一般！她这个被法院判定为"情可悯恕"的囚犯，却不能与家人见上一面，连家人给她捎来的东西还要被典狱长克扣。

施剑翘越想越气，这时门外响起了脚步声，牢门被猛地推开了。眼前出现的是一个40岁上下的中年男子，穿着监狱工作人员制服，手里还摇摇晃晃拎着个鼓囊囊的提兜。

尽管，施剑翘之前从未见过此人，不过她仍然没给他半点好脸色，想来天下乌鸦一般黑，和那个又矮又胖又恶心的典狱长穿一样衣服的人，肯定也不是什么好东西。

这样想着，施剑翘不由得挺起了腰板，抬起脖子，心想绝不能让这些人看轻了。

来人看到施剑翘一脸怒气，倒是轻声轻语地自我介绍起来。原来，这人是监狱一科的科长，名叫芮家瑞，他声称自己非常敬佩施剑翘的壮举，因为看不惯典狱长对她的虐待，于是趁着今天典狱长不在的时候，特地给施剑翘送来一些可口的饭菜。

芮家瑞一脸憨厚老实的样子并未消除施剑翘的疑虑，于是她看着他，冷冷地问道："那么请问，为什么不让我看书、写字？为什么不让家里人来探视我？"

芮家瑞回身先望望牢门，而后面呈难色，轻声地说："您家里的人这些天来过好几次了，但送来的衣物、食品都让典狱长给压下去了。今天探视的时候，他还说：'谁都准许探视，只有"一〇八"号不许和家人见面，她犯的不是一般的刑事罪。'我想，这里头肯定有点儿文章。不知是孙家使了钱，还是您的文章里有些话触犯了政府。不然的话，典狱长和您之间从无瓜葛，为什么要想方设法地苛待您呢？"

芮家瑞有理有据的一席话让施剑翘警惕的心稍稍放松下来，看来这位芮科长倒像是好人。他说的这些话，施剑翘哪里会不知道啊，猜也猜到了一部分。

同样都是坐牢，她施剑翘是尝遍了痛苦，而同在一所监狱里的贪官王一鸣却是一番享福。王一鸣是有名的贪官污吏，案发获罪之后被关押在这里。可是因为他有钱，犯了法也照样受到优待。他的伙食包在外面饭馆里，并且他的太太会每个月三次和他特别接见。

相较之下，她施剑翘是无依无靠的孤儿，判决书上虽然同情她为父报仇，一片孝心，确认"情可悯恕"，可第三监狱根本无视法院判决和社会舆论。不但不予她以优待，反而剥夺了她同家人见面和接受家里送来东西的权利，这般势利实在可恨。

想到这里，施剑翘便向芮家瑞问道："请您设法找些纸和笔来，我要写几封信，您能帮我发出去吗？"

芮家瑞立即应允，并从随身带来的提兜里掏出一个饭盒，这是芮科长老婆亲手做的面条。这一碗香喷喷的面条对于此刻的施剑翘来说，简直比一碗金子还要贵重，不仅身体上的疼痛得到了抚慰，更是在这碗冒着热气的面条中，感受到了人世间难得的温暖。

第二天，芮家瑞果然送来了纸和笔，施剑翘迫不及待地写了一份长信给自己的辩护律师胡学骞，请求他将狱中的情况披露出去，争取得到社会舆论的支持。

自从芮家瑞把信带出去后，施剑翘就每天翘首期盼。可是日子一天一天地过去了，转眼到了中秋节，好消息并未传来。在这用铁丝网围成的高墙中，月光显得暗淡凄惨。每逢佳节倍思亲，高墙之外的那轮圆月勾起了无数人的思乡之情，隔壁牢房的狱友们不禁触景生情，不时传来断断续续的啜泣声。

施剑翘的心里也很不好受，她依稀地记得去年中秋节的时候，她和母亲坐在阳台上赏月的情境。如今，已是物是人非，那座阳台早已随着整栋小楼改换了门庭，年逾花甲的老母亲也远在长江南岸。自己的身体每况愈下，不知还能支撑多久？

所有的愁绪涌上心头，躺在床上的施剑翘夜不能寐。到了夜里。施剑翘突然发起了高烧，上吐下泻，一直折腾到天亮。第二天早晨，她的嘴唇上起了一溜儿水泡，浑身没有力气，只能躺在床上呻吟不止，滴水未进。送饭的大叔眼看她奄奄一息的样子，赶忙去通知看守主任，叫来了狱医。

"脉搏很虚弱，人也有些神志不清，怕是中毒性痢疾了，建议还是赶紧送医院吧。"狱医为她诊了诊脉，不由得变了脸色。

于是，狱医和看守主任给典狱长写了呈文，说明情况。怎料到，典狱长只是看了一眼呈文，便随意扔在了一边，并无二话。

看到此番情景，狱医和看守主任心里也明白了几分，便也无可奈何地退出了牢房，任由生病的施剑翘自生自灭了。

这一夜里，施剑翘在鬼门关前走了一遭。昏迷中的她，仿佛觉得自己的灵魂飘出了躯体，在半空中来回翻腾，她哭着、叫着、喊着、挣扎着，似乎在她面前的是一伙青面獠牙的鬼怪，还张着血盆大口……不知梦魇了多久，施剑翘突然惊醒，她睁开眼睛，一切幻觉全消失了，映入眼帘的，还是那间阴暗潮湿的牢房，那带有血迹和刻痕的灰墙，以及全身的冷汗。

这一次，她真是病得不轻，不过无论如何，她还是挺过来了，总有些劫后余生的欣喜。未等病情痊愈，施剑翘就试着下地走路，猛然踏到地上，感觉脚下像踩着棉花似的，摇摇晃晃，她只能咬着牙，手扶着墙，奋力向前挪动，因为她要强迫自己的身体好起来。虚弱的肠胃经不住干硬的窝头，那就把窝头掰开，泡在菜汤里，当稀粥喝。嘴巴里涩得发苦，没有半点滋味，她就趁着放风的时候，偷偷地捡起水池边别人胡乱扔的烂莴笋叶子，撒上芮家瑞偷偷带进来的食盐腌制起来，成了每天就饭的小菜。

靠着自己的精心调养，施剑翘的身体竟奇迹般地一天好似一天，就这样迎来了又一个允许探监的日子。

这天，施剑翘还是早早地起床，巴巴地望着窗外。不一会儿，她突然听到走廊里传来呼唤"一〇八"的声音。她又惊又喜，随着看守穿过长长的走廊，来到了接见室。

是胡学骞律师！

施剑翘不可思议地揉揉自己的眼睛，像是见到亲人般紧紧地握着胡律师的双手。她无视胡学骞身后，那位杨典狱长凶神恶煞的眼神，此刻的她似乎找到了一个口子，想把这几天来受的委屈统统都一吐为快。

"施女士，我这次来探监是经过特许的，你有什么话就说出来，自有人会替你做主！"胡律师动情地说。

"我要说，我要说……"两行清泪喷涌而出，施剑翘看了一眼故作镇定的典狱长，继续说道："这个所谓的模范监狱根本就是欺世盗名，无视法律判决和社会舆论，私吞家人给我送来的东西，阻止我和家人见面，甚至我病危的时候，他们竟然不让我去医院诊治。"

施剑翘指着杨典狱长的鼻子大骂："你个势利小人，你不优待我就算了，这好歹也是你的本分。但是你为什么要虐待我？你到底拿了人家多少钱？你以为把我害死在监狱里，你就可以抱着元宝过日子了？休想！告诉你，我的案子全国老百姓都知道，七年以后，他们向你要人，你交代得了吗？"

想来这个典狱长似乎从来没有被别人这样当面骂过。他的脸色变得刷白，大滴大滴的汗水顺着肥厚的腮帮往下淌。不过，看着站在边上的胡律师，他可不能这时候发威，好汉不吃眼前亏，宁可挨骂，也不愿翻脸。他像是一条被夹住尾巴的癞皮狗，逃不掉、挣不脱，只好瞪着恶狠狠的目光，私下里发狠。

这从来就不是一个好惹的女人，只是，他知道得太晚了些。

第七章
重生·
向着光芒生长

 ## 盛名之下

自从施剑翘身陷囹圄,案件背后就牵动了各方利益。这当中有施家人的各方奔走,救家姐于水火的迫切;也有孙家后人的穷追不舍,置之死地而后快的阴谋;更有恶意的闲人以讹传讹的叵测居心;还有无恶意的闲人不明就里的"谈笑风生"。

当时整个中国都因为施剑翘在居士林的三声枪响而震动,整个天津都在风传这位神奇女子的侠骨柔情。处死、判刑抑或是其他的惩处,流言四起,纷纷扰扰。

当时独坐狱中的施剑翘更是大义凛然,一口咬定,此事是一人所为,无关他人。在受尽了百般虐待,痛不欲生。但是,无论典狱长是怎样狰狞的面孔,施剑翘都从未屈服和胆怯。原本就抱着必死决心的施剑翘,在"皮鞭"和"烙铁"前面,岿然不动。

彼时,为家姐的事情四处奔走的堂弟施中达,正在南京中山陵的一栋小楼外徘徊。

气势雄伟的紫金山,掩映在如烟似雾的丛林中。端庄肃穆的中山陵,矗立在山腰间,像是和山峰融合在了一起,令人肃然起敬。

陵园内的一栋别致的小楼,在丛林的掩映下十分别致。黄色的楼身，尖顶两层，周围的空地上生长着绿油油的野蔬。这栋原本是韩复榘的别墅，在一年前，冯玉祥将军从泰山来南京参加国民党中央四届六中全会，韩复榘就把这栋小楼让给了自己的老长官。

一栋别墅寄语着一位老部下的深情厚意。

而此时的施中达正是冯玉祥的一位参谋。

最近几个月，施中达一直都在为大姐的案子奔波。大姐以一弱身女子，勇毅地手刃仇敌，独自承担了一切后果。现在身陷囹圄。感到深深内疚和自责的中达想要尽自己的全部力量，去营救狱中的家姐。

而这几天，不断地从天津传来消息，孙家人倚仗雄厚的财力和势力，买通了典狱长，对家姐进行百般摧残。每每有这样的消息传来，中达都感到心如刀绞。想到家姐在狱中受苦，中达无论如何也坐不住了。

中达的同事们得知了这一消息，也无不义愤填膺。大家都在建议施中达去找冯将军试试，或许能帮忙。

中达对于找冯先生这件事是有点胆怯的。冯先生如此位高权重的人物，能够对家姐这件事情过问上心吗？况且日理万机的冯先生，自从来了南京之后，冯将军就在开会，接受各界人士的拜访、回访。一个月以来，冯先生消瘦了不少。想到这里，施中达实在不忍心因为家事去麻烦冯先生。

可是，事情已经发展到现在这个地步，家姐危在旦夕。如果任由事情发展，后果不堪设想。

再三考虑，施中达还是敲响了冯玉祥书房的门。

冯玉祥在看书的时候是不希望外人打扰的。早年冯玉祥任常德镇守使时，为了保证读书，曾特地吩咐制作一个木牌，亲手写上"冯玉祥死了"五个大字，挂在书房门口，这样，来访的客人就不好意思。

"冯先生，我有件事求求您？"

中达在迈进冯玉祥的书房后，单刀直入地说出了内心的想法。原本想好的思路，全部打乱了。

"是你，中达，有什么事，尽管说。"

冯先生穿着粗布衫，面前摊着一本打开的线装书，笑眯眯地看了看中达。平日里对自己的孩子，冯先生十分严厉，孩子们轻易不敢近他的身边，但对中达这一班年轻人，他却是另眼相看的。中达的父亲施从云，曾同他一起发动滦州起义，反抗暴虐的清廷，英勇牺牲在战场上。他待中达自然更是亲近一些。

"冯先生，我姐姐施剑翘为报父仇，手刃孙传芳，被法院判了七年徒刑。可是，孙家并不就此甘心，他们靠着手中的金钱，买通监狱当局，对姐姐剑翘百般虐待，企图置她于死地……"

说到这里的中达已经泣不成声，本想简单地说几句话说明自己的要求，免得耽误先生更多时间，未承想越说越激动，越说越愤慨，话也越来越多，他把剑翘在狱中的整个经历详详细细地叙述了一遍。

"竟然有这样的事！"冯玉祥听了施中达的话之后，愤怒地从椅子上站了起来。

冯先生猛然攥紧了拳头，两道浓眉颤个不停，雄狮一样的鼻子重重地哼了两声。

"……剑翘的《告国人书》中有这样一句：'孙传芳和日本人土肥原勾结卖国，我不马上打死他，他将使我的家仇变为国仇。'可有关当局却偏偏不让发表这一段文字。"

听罢中达这句话，冯玉祥将军怒不可遏。在书房里踱开了步。

这样血气方刚的冯将军，对这样一件耸人听闻的事件，气愤至极。口中愤愤地说道："你姐姐这样的行为是为民除害，我一定要帮忙。"

中达听了冯先生的回答，感动不已，热泪盈眶。

"中达，你放心，看在你父亲的面上，为了国家和民族，这件事我一定要过问。你马上去最高法院，拿着我的名片，找焦易堂院长，把你刚才对我说过的话，再对他说一遍，请他秉公处理此案。河北省高等法院邓哲熙院长那里，我另写信去。只要我冯玉祥在，就不能听凭他们那般家伙胡作非为！"

施中达听了冯玉祥的话，激动地接过冯先生手里的名片，连道谢的话都忘了说，抬脚出了冯玉祥的书房。

各方的努力，各方的活动，都是为了一个坚毅勇敢的女子——施剑翘。社会的公德心在这里得到了充分的体现。泱泱大国，有正义之心的人都在关怀着这个女子的命运。

除了像冯玉祥这样德高望重的社会名流的帮助之外，还有一个群体也在为设法营救施剑翘而努力着。

这个群体就是记者。自从施剑翘刺杀了孙传芳之后，记者们就蜂拥而至。各种采访、报道铺天盖地地飘来。也正是记者的采访，把许多外界的消息带给了施剑翘，也把施剑翘的信息传给了社会各界人士。

各方的努力，枪响之后的各方动作，让身处监狱的施剑翘不再孤单，依稀看到了希望。

不出半个月的工夫，从南京发出的信息，就传到了远在千里之外的天津。一天，剑翘正坐在吱吱作响的木板床上缝补衣裳，猛地听见看守在窗外喊了一声：

"一〇八，邓院长来看你了！"

随着话音，一个中等身材的男子出现在牢门口。施剑翘很是疑惑，为什么邓院长会亲自来见我呢？是有什么新的消息吗？

"我叫邓哲熙，早年间是冯玉祥先生的部下。冯先生对你很是关心，让我来看看你，帮助你解决困难。你要安心养病，外面正在设法营救你。"

邓院长的一席话，像是暗夜里的一道光，照向了施剑翘灰暗的生活。自从实施行刺的那一刻起，施剑翘早已将生死置之度外。这份意外的惊喜让施剑翘怔在那里半晌，没有说出一句话。施剑翘万万没有想到，自己这样一种个人的行为，能够得到冯先生的认可和帮助。

邓院长一口河北口音，关切地询问施剑翘在狱中的情况。入狱快一年的时间了，每天都是度日如年，不肯忍受的折磨和拷问，已经让这个女子精疲力尽。突然间听到这样关切的话语，施剑翘倍感温暖。

她不经意地抬头间，看见典狱长正神色慌张地看着她，对于邓院长的交代，也是连连点头应允。往日的蛮横嘴脸早就不知道丢到哪里去了，有的只是满脸的卑躬屈膝和谄媚。

施剑翘含着泪送走了邓院长，一再请他转达对冯先生的感谢。

漫漫长夜，施剑翘感到自己不再孤单。虽然不知何时才能重获自由，但是施剑翘能够感受到一股强大的力量正在向她聚拢，在保护着她。

　　原本是一己私怨，没想到却发展成了全国的公愤。此时，施剑翘再一次想起了当时在血泊中殒命的孙传芳，嘴角轻扬。正应了那句话："善恶终有报！"

　　在邓院长特意探视厚度这段日子里，施剑翘搬到了"特殊隔离"。所谓的"隔离"只是单独的牢房，这里大多是一些获罪的富人待的地方。这些有钱人可以在这里开小灶，喝醉了酒还会破口大骂。施剑翘很讨厌这些仗势欺人的富人。所以，几乎不和他们说半句话。只是在自己的"房间"里待着，整理这近一年来的书信或是日记。

　　施剑翘申请来到隔离牢房，主要是不希望受到记者的打扰。社会舆论都在倾向施剑翘的时候，记者们再一次蜂拥而至，大多都是想要见一见此时的民国女英雄。可是我们的这位侠女并不喜欢抛头露面。躲在隔离区里做了"普通人"。

　　自从邓院长来了之后，典狱长的脸变得越来越和善。那张谄媚的胖脸上时常堆着笑，说起话来也是毕恭毕敬。施剑翘平生最恨这种趋炎附势的小人，所以，根本不睁眼瞧他一眼。

　　但是不管怎么说，施剑翘在狱中的生活也是有了天上人间的改变。

　　好消息总是接踵而至，就像祸事从不单行一样。大概是邓院长来过后一个月左右的时间，1936年10月15日清晨，芮科长急匆匆地走进施剑翘的牢房，笑逐颜开地说："恭喜你啦，你已经得到了国家的特赦！"

施剑翘听到这句话，惊讶得不敢相信这是真的，又问了几遍，才瘫坐在板床上，泣不成声。施剑翘没有想到会得到国家的特赦，这在之前的历史里是从未发生过的。经过各方努力，自己终于重获新生，得到自由。

"法院方面已然接到了南京的命令。中华民国政府主席林森向全国发表公告，还民族英雄、女中豪杰——施剑翘自由。"芮科长一字一句地说着。字正腔圆的声音震动着施剑翘的耳膜，也震动了她的心。

幸福总是来得太突然，施剑翘迷惘着未来的监狱生活，国家的特赦令就发了下来。公共的舆论和大众的同情在这一时刻得到了充分的体现。

施剑翘抹去脸颊上酸涩的泪水，一步跨出了牢房。仰望着碧蓝的天空，施剑翘伸出双臂，拥抱着这个自由的世界。当人生再一次启程，施剑翘的命运轨迹将会发生怎样的变化呢？

没有被囚禁过的人是无法体会重获自由的那份舒畅的。对于每一个人来说，除了生命之外，最重要的就是自由。

此时的施剑翘真的想大声地喊出压抑在心中十年的苦闷，让天下所有的人都能听到她幸福的声音。

施剑翘出狱的消息又一次触动了记者紧绷的神经。自从孙传芳死后，施剑翘的任何一点消息都是记者们追寻的目标。这一次，得知施剑翘获得了国家的特赦，记者们更是跃跃欲试，打算报道个"独家新闻"——施剑翘出狱。

可是在监狱大门口一连苦等了几天的记者，根本没有等来这位民国女侠。失望的记者追问芮科长,他只是故作样子地双手摊开,说:"人已经离开了!"

这位引人注目的人物究竟到哪里去了呢?

实际上,施剑翘早已悄悄离开了。之所以选择悄悄这样做的原因是不想再引起社会的关注。施剑翘十分感谢落难之后记者们的帮助和关怀。但是,施剑翘总是认为,自己的行为是不值得推崇的。自己也并没有做什么惊天动地的事情,什么民国女侠,巾帼英雄,这些头衔都太过厚重,施剑翘认为自己担当不起。

出狱后的施剑翘,不希望得到外界的任何关注。所以,出狱那一天,施剑翘女扮男装,坐着汽车直奔天津火车站。

当施剑翘来到天津火车站,再次看到熙熙攘攘的人群,再次感受生活的气息时,施剑翘感到自己是真正地存在着、生活着。

消失在人群中的施剑翘,和许多其他人一样,平凡得不能再平凡。

11个月后,寻找另一个自己

重生,就是凤凰涅槃。

对于施剑翘来说,身陷囹圄的11个月之后,当重获新生的她再一次感受人间烟火的温暖和惬意的时候,最想做的事却是逃离。

很难想象,在被囚禁了这么久之后,施剑翘出狱之后做的第一件事情不是回家看望年迈的老母亲,更不是抱着两个儿子痛哭流涕,而是连忙踏上去南京的火车,去了南京。1936年,施剑翘特赦后专门先去了南京拜谢冯玉祥将军对她的营救,接受了冯玉祥将军的教导,并准备积极投身抗战。

当她见到和蔼可亲的冯玉祥革命的道路上和正在他麾下效力的表弟施中达时,一种前所未有的清晰明朗的感觉在拨开重重迷雾后,终于成了心里的主导。

她把自己的担心告诉了冯玉祥,她觉得自己没有学过太多知识,在革命道路上比其他志同道合的人差了一个思想上的档次。而没有稳定的职业更让她失去了独立的能力,会对革命事业造成影响。

但,冯玉祥却不以为然。

和施剑翘相比，冯玉祥的人生经验自然丰富得多，他看人看事除了个人的喜好，更有岁月沉淀后的客观和冷静。在孙传芳事件中，冯玉祥是保释施剑翘出来的关键人物，他之所以这样做，除了与施剑翘四叔施从云的私交外，更重要的是，他在施剑翘杀害汉奸的行为中看到了她内心的坚毅和勇敢。

或许，施剑翘和饱读诗书的仁人志士相比在语言表达上没能达到出口成章的水平，自己内心的想法也没能付诸笔端引起众人共鸣，但这并不影响她成为革命道路上的一员。

只身一人，她能摸清孙传芳的行踪，并躲过他身边环绕的杀手，成功除掉汉奸，这样的经历所体现的是施剑翘惊人的毅力和果敢开阔的英雄气质；善待身边的人，以心怀天下的气度对待深处苦难中的同胞，这一点体现的又是施剑翘热爱百姓的善良品质；向往和平和民主，用身体力行支持前线奋勇杀敌的战士，这一点更体现了施剑翘胸怀家国的抱负与担当。

冯玉祥在识人上是很有经验的。在他看来，施剑翘不只是一个坊间传闻的刺客，也不仅仅是他动用关系救出的一个熟人，以他多年混迹官场的经验，他敏锐地感觉到施剑翘正是他所在的时代不可多得的革命人才。

鼓励她继续向前，当然并不是为了让她再去杀人，也不是为了让她成为自己的附庸，相反，这种发自内心的肯定为的是星星之火能够燎原的那一日。

没有了刀枪和仇恨的施剑翘不再传奇，但她却会用平静无常的心态感受人间的冷暖，体会世事的沧桑；没有长篇大论的奋笔疾书，施剑翘看起来似乎忘记了情绪，但她却能用身上那股来自普通百姓的执着和理解讲述革命，宣传革命，并让更多的人加入到轰轰烈烈的队伍中来。

用冯玉祥的话讲，杀了孙传芳，仅仅是施剑翘为人民做的第一件事情，以后，她还将用自己的努力为人民做出更多、更好的贡献。施剑翘听着冯玉祥的鼓励，心中的迷茫顿时消散。她发现，革命其实并没有门槛的限制，也发现人民的力量远远超过自己的想象。

寻常的血肉之躯并不能阻挡来自侵略者的船坚炮利，即便最坚固的房屋也会在炮弹的轰炸下土崩瓦解，但一个民族团结一致，绝不退缩的精神却能让侵略者的嚣张失色。作为中国人民中的一员，施剑翘或许不能成为统领千军万马的将帅，但她却能成为这座金字塔底最坚毅、最可靠的基石。

此时拜见万冯将军的施剑翘不禁想起了远在南京的母亲。此时施剑翘的母亲董氏在家中已经是坐立不安。一想到女儿做出那样危险的事情，老人总是后背冒着涔涔冷汗。若是当时刺杀的时候有半点闪失，现在的女儿恐怕也是身首异处，在黄泉路上追寻老父亲去了。

自从董氏嫁给了施从滨，就是一位安守妇道的女子，旧时代典型的温柔敦厚在这个女子身上得到了最好的体现。董氏的父亲曾经做过清朝的官员，听说还为慈禧太后采办过寿礼。这在当时的大清国也算是一等一的美差，家世不凡。义和团进北京的那一年，父亲不知为何丧了命，董氏就随哥哥逃难来到了山东。从一个锦衣玉食的官府小姐变成了平民百姓，整日面朝黄土，体味穷苦人的生活。

这样的遭际让董氏一生小心谨慎。凡是和官场与战场作对的事情，有瓜葛的人，她都不愿意沾边。可是，命运偏偏与她作对。她的哥哥在当地结识了军人出身的施从滨，这两位仁兄一见如故，酒过三巡，董氏就被哥哥许配给了这位军人出身的七尺男儿。

这样的结局是董氏万万没有想到的，因为在这个弱女子的心中一直有一个美梦：能够嫁给一个文质彬彬的秀才样的男人安安稳稳地过一辈子是最好不过的。可是长兄为大，为了报答兄长的恩遇，董氏含着眼泪嫁给了施从滨。从此开始了随夫南征北战，过起担惊受怕的日子。

丈夫出征，她惴惴不安，焚香叩头，祈祷丈夫平安归来；丈夫回家，她稍稍松了一口气，可是又担心起他下一次的出征。就是在这样提心吊胆的境况下过了几十年。终于儿女们都已经长大了，可是厄运却降临了。施从滨的惨死对这个温顺柔弱的董氏是天大的打击。她非常难过，又担心女儿的报仇会带来更多痛苦。而终究，那一天还是来了。

原本就在惊恐哀痛中度日的董氏，现在又要面临女儿深陷囹圄，四处飘零的煎熬折磨。

每每董氏想起女儿谷兰，闭上眼，仿佛就能听到"砰、砰、砰"三声枪响。那响声穿越云层，在董氏的耳边炸开。

她不知道的是，每每在董氏思念女儿的时候，女儿谷兰也在挂念着她。

一天下午，手里拿着谷兰即将抵宁的电报，董氏苍老的面颊上，又滚起了泪珠。半个月前，女儿被特赦出狱，这于她而言是天大的喜事。年迈的董氏，经历了太多人生的打击，显得比实际年龄更加苍老，她颤抖着干枯的双手，一连为菩萨上了十几炷香。

自从听到特赦令的那一刻起,她就一分一秒地计算着女儿归来的时间。但是,没想到女儿施剑翘出狱后却先去拜见了冯玉祥将军。这让老人家更加心急如焚。无论如何,一刻见不到女儿,她就一刻放不下心,一刻也不得安生。

董氏眼含泪花,半晌说不出一句话来。相逢的时刻越是接近,等待的滋味越是难熬。在堂中不断地踱着碎步的她,口里一直念叨着女儿谷兰的名字。坐立不安的董氏真的高兴得不知道自己的手该放在哪里,自己坐也不是,站也不是。把女儿的电报翻看了一遍又一遍,把房门打开了一次又一次。

天下所有母亲盼望儿女的心情都是一样的热切。

终于,门外响起了汽车的喇叭声。

"是他们回来啦!"听到那熟悉的喇叭声,董氏像是呆住了似的,伸开了双手,眼睁睁地盯着大门。

门开了,先走进来的是中杰,后边跟着一位中等身材的男子。老母亲的心在看到这一幕时一下子提到了嗓子眼,忽而又跌落到万丈深渊。

气喘吁吁的中杰拖着一位身穿西装、头戴礼帽的男士,一阵旋风似的冲到了母亲董氏的面前。

只见这位男士把帽檐压得很低,低到只能看见帽檐下的朱唇。年老眼花的董氏瞧了半天,才猛然间发现,这竟然就是自己心心念念的女儿——谷兰。

此时的中杰在一旁狡黠地看着姐姐,又看看母亲。忍不住笑出了声。董氏这时哪里顾得上一旁看热闹的中杰,只是一把拉过女儿,搂在怀里。施剑翘也顺势扑倒在母亲的怀里。一时间,母女两个人哭成了泪人，抱作一团。

母女两个分别诉说了心里的苦楚，这时，董氏才想起来站在一旁的中杰，扬起巴掌就要打人。施剑翘急忙拦住了母亲的手臂，劝解道："娘，你千万不要怪中杰。是我要他这么做的。这一路来，我都是女扮男装。这样掩人耳目，省得引起不必要的麻烦。只是中杰要给您个惊喜，才没有提前告诉您。"

听了女儿的劝解，再看看一旁早知悔改的中杰，董氏的气才消了一半。

这时，房间里又响起了稚嫩的声音。

"娘——，娘——，娘——"大利一声声急促的"娘"，叫得施剑翘眼泪奔流，傻傻站在那里，一时间不知怎样回应。这一年的别离，大利又长高了许多。原本以为，今生再也见不到面的母子都哭成了泪人。大利身后的二利却愣在那里，愣愣地竟跟着中杰的儿子喊："姑姑。"

这一声"姑姑"，叫得施剑翘肝肠寸断。是怎样的疏离才让自己的亲生儿子都不认得自己了？

施剑翘内心百感交集，一时间竟不知怎样表达。只是忍着泪水和两个孩子相互拥抱在一起。

任是何人，也敌不过亲情的催促和感化。曾经为了报仇，施剑翘不敢去触碰这些敏感的情绪，而今，全部倾泻而出了。施剑翘在两个儿子面前，既温柔又慈爱。一年多没有听到孩子叫自己"娘"。施剑翘面对慈母爱子，又一次放开了悲声。

她压抑了太久太久。一直树立的坚强，成为坚硬的外壳保护着自己。而如今，一切坍塌，她露出了内心深处的柔软。这一次的痛哭，是一次内心的彻底释放，此刻的施剑翘不是一个英雄，也不是一个刺客，而只是一个再普通不过的女儿，一个再普通不过的母亲。此时的施剑翘不再背负血海深仇，更加丢掉了"侠女""英雄"的高帽，只是一个普普通通的思念亲人的女子。

孩子不再啼哭，母亲不再悲切，这是她的心愿。当施剑翘安抚了家里人，当生活终于回归了十年前的平静时，施剑翘的心才渐渐平静下来。

回忆这十年来自己忍受的痛苦和屈辱，往事不堪回首。回想起倒在血泊中的孙传芳，施剑翘终于给了九泉之下的父亲一个交代。

施剑翘开始重新感知有温度的生活，洗衣，烧饭。这些再家常不过的事情像是暖流一点一点地注入她的心窝。让曾经那颗近乎冰冷绝望的心脏开始了新的律动。

施剑翘又一次感受到了家庭的温暖。在经历了人生的大起大落之后，劫后余生的施剑翘开始重新考虑自己的人生。

如果说，之前的十年都是在为报仇这件事情而活着，那么在今后的余生中，施剑翘想做一些自己真正想做的事情。

回到南京的这些日子里，施剑翘渐渐地走出了报仇、刺杀、入狱这些人生的黑影，开始迎接属于自己的曙光。

当曾经的一切苦难结束后，施剑翘便开始考虑自己今后的生活。之前的十年，施剑翘的内心塞满了仇恨，除此之外，没有想过其他。现在，施剑翘终于完整地属于自己，所以，她开始思考自己内心的渴望和追求。

在人生的另一段征途上，施剑翘悠闲地徜徉，准备开始全新的生活。

与千千万万人站在一起

革命,是一个伟大的词汇,每每提起它,人们总会想到浴血奋战的豪情壮志,和上阵杀敌的豪气冲天。在那个国破山河在的年代里,国家因为侵略者的肆无忌惮而充满苦难。曾经壮丽辉煌的国土在血雨腥风中愁云惨淡,存有良知的人们以各种方式对国家的兴衰贡献出自己的力量。

"七·七事变"后,日本侵略军开始了全方位的侵华战争,曾经留存的侥幸心理在二十九路军战败的那一刻,统统化为泡影。敌人的步伐比想象的要快很多,前不久还在华北耀武扬威的侵略者,不多时,便将势力扩展到了中国的腹地。连千年古城长沙都成了抵御日寇的第一战场。

作为华北而来的逃亡者,施剑翘在弟弟中杰的安排下,与母亲、孩子一同搬到了长沙居住。虽然,长途跋涉的劳顿让他们倍感疲惫,但在那个战火纷飞的年代里,能离开炮火的硝烟弥漫已是大幸事了,旅途的劳顿与艰辛也在这样的动荡中失去了令人恐惧与厌烦的感觉。

军人出身的施中杰在安顿好了母亲与姐姐之后,开始跟着军队的部署投入对敌作战中。看着弟弟为国家大事奔波操劳,施剑翘的心里有着一种说不出的感动和向往。

如果说，对杀父仇人的气愤是施剑翘对家的情感牵挂，那么"七·七事变"后，她对国事的关心和对民众疾苦的关注却是她对祖国的执着。和民国时期受过高等教育的女子不同，施剑翘的生活并没有来自西方的民主思想或者先进革命理念，她的常识也更多地脱胎于传统文化。但这些丝毫没有影响她成为革命洪流中的一员。

当她举起手枪，扣动扳机，将卖国求荣的孙传芳击倒在地的时候，家国之间的情感已然完成了完美的转换。那一刻，她是为父报仇的孝顺女儿，更是为国家清除汉奸的慷慨义士。后来，她的义举被人们广为传颂，除了有仇必报的侠义情结外，更重要的原因是她的报仇观念里所隐含的对民族与家国大义。

从此，她注定与国家兴衰荣辱与共。而她向弟弟主动请缨，欲上战场杀敌的请求也因她满腔的豪情壮志而变得理所当然。

在弟弟看来，施剑翘就是家里的功臣。作为长子，为父报仇的事情原本应该由他来承担，但姐姐却一肩担起了重任，以此保护自己与全家人的安危。每当施中杰回想起那次刺杀孙传芳的行动，他还是会心惊胆战，姐姐能侥幸逃脱已是一件幸事，若今日再让她到战场上杀敌，万一有个三长两短，那他这个做弟弟的就实在无担当可言。

为了姐姐的安危着想，也为了两个苦命的孩子再也不能失去母亲，施中杰毫不留情地拒绝了姐姐上阵杀敌的请求。施剑翘见弟弟毫不通融，心里不解之余，涌起了阵阵气愤。原本还想同他理论几句，但转念一想，觉得弟弟也是为了自己和孩子们好，便不再坚持下去，只含糊地应下了弟弟的请求，而后转身回房，思量下一步的对策。

此时，湖南的布防长官是赫赫有名的张治中，这位参加过淞沪战役的将军虽然没能赢得战争的最后胜利，但他内心流淌着的与日本人血战到底的气魄却为国人称赞。面对敌人的得寸进尺，张治中和湖南的将士们用自己的顽强奋战，将敌人推进的道路一一堵死。而施剑翘因弟弟的打击而稍稍失落的报国愿望也在这位将军的英勇事迹中得到了复苏。

为了不让弟弟再为自己操心，施剑翘在无人知晓的情况下，写了一封只有"我要求做抗战工作"八个大字的信件邮寄给了张治中。表面上看起来，施剑翘在弟弟的安排下，已经不再过问家国大事，但在她波澜不惊的面色下，那股盼望回信的激动却始终在翻腾着。

终于，在信件寄出去几日后，施剑翘终于从弟弟口中听到了来自张治中将军的消息。在弟弟的口中，施剑翘得知了张治中将军要约见自己的消息，但见面的具体内容却不得而知。弟弟正在为张治中将军为何知道姐姐在长沙的事情困惑不解，施剑翘则早早换好了衣服，在来人的带领下径直往张将军的帅府而去。

作为为数不多的"女刺客"，施剑翘可谓名声在外。除了那些对孙传芳不满的官员知道这个名字，连远在湖南的张治中也对她颇有兴趣。除掉一个汉奸，这是许多男儿身的仁人志士想做却做不到的事情，施剑翘一介小女子虽然因为家仇才完成了这件事情，但从民族大义来讲，她仍旧是不折不扣的英雄。

或许正是因为这个原因，张治中在见到施剑翘的时候才情不自禁地伸手相迎。士为知己者死，战场上的英雄对暗战里的英雄自然有说不完的钦佩。而施剑翘，又何尝不是如此。

论起来，施剑翘与张治中的见面全然是生平第一次，但她却总觉得眼前这位英雄像是在哪里见过。那种说不出来的熟悉感，与其说是张治中的气场，不如说这位抗日英雄由内而外散发出来的民族气节，而这正与施剑翘不谋而合。

一番寒暄后，施剑翘与张治中一同落座。对当前局势做了一番分析后，二人便直入主题就施剑翘关心的参加抗战的话题展开了讨论。

作为女人，施剑翘并不具备上战场的条件。但要她放弃自己救国救民的理想，却并没有那么容易。为了让张治中更加清晰地体会到自己内心的渴望，她直截了当地向张治中说出了自己的要求。

"一直以来，我都没有受过专门的教育，所以没有办法以文字或是其他方式为国出力。但眼睁睁看着国土沦陷，民族遭难，我还是希望自己能为抗战，尽自己的一份绵薄之力。我不要高官，也不要厚禄，只要能让我为抗战做一点贡献，我施剑翘定当竭尽全力，在所不惜！"

在未同施剑翘见面之前，张治中从友人的描述中知道了施剑翘的英雄事迹，也知道了这个敢于杀害汉奸的女英雄的慷慨大义和无所畏惧。而当他真正与施剑翘促膝长谈的时候，却发现眼前这个女子远比自己想象的要豪情壮志得多。

男儿为国，有时还会被功名利禄所累，但施剑翘作为一介女流，却毅然将个人利益抛在脑后。这种气节，大抵之后流芳千古的名士才能与之媲美，而张治中自然也被施剑翘大气的风度所折服。

看着她跃跃欲试的模样，张治中实在不忍拒绝。思前想后，他终于为施剑翘找到了最合适的所在。

"施女士竟然对抗战如此热忱，那就到抗敌后援总会慰劳组担任筹集物资的主任吧。这个岗位虽然不能上阵杀敌，但为冲锋陷阵的将士们筹措物资，也是抗战工作不可或缺的重要部分。"

施剑翘坐直了身子，认真又耐心地听完张治中的描述，内心的激动瞬时无以言表。对她来说，写信给张治中，仅仅是为了能加入到抗战中，至于是否担任专职，其实并不在她关心的范围内。但张将军能够对她如此厚爱，实在出乎她的意料。

她激动地站起身，满心感激地向张治中道谢。张将军见她如此喜欢这样的岗位，心中也因为她能加入抗战大家庭而感到高兴。

"兵马未动，粮草先行"，从古代兵书的描述中，不难看出后备物资对前线战事的重要性。因此，不用张将军过多解释，施剑翘都知道自己要去的这个岗位是何等的重要。

然而，当她穿戴整齐，满腔热忱地前往筹备组报到的时候，这个组织机构的乌烟瘴气却让她大失所望。

战争时期，物资缺乏是常态，在所有人为吃穿用度着急的时候，率先保证的军备物资成了很多人眼中的"肥肉"。加上战事管理的松懈与不完善，物资丢失的现象时有发生，中饱私囊的行为也屡禁不止。而这，正是施剑翘上任后首先要解决的重大问题。

之前，战备物资的出库也会有相关的记录，但内容却并不翔实，甚至有些记录都是伪造或是临时补充上去的。为了搞清楚慰劳组还有多少物资，施剑翘只得找来几个学生，从头开始重新整理账目，并同他们到仓库一件一件地去核对，将记录错误或是无中生有的条目全都一一去除。

经过几天几夜的"奋战"，施剑翘终于搞清楚了自己管辖的账目，而慰劳物品进出的规则也在整理的同时制定完成了。此后，凡是从慰劳组出去的物品都需要经过严格的等级和审核，没有满足条件的调令一概不批，任何随意打招呼的方式都不能从慰劳组带走一丝一毫的东西。

由俭入奢易，由奢入俭难，习惯了通过关系顺手牵羊的人对施剑翘的做法自然很是不满。作为新人，施剑翘的处境自然因为新措施的实施而困难重重，但这却丝毫不影响施剑翘开展工作的热情。

曾经，国民党党部曾派专员到慰劳组专责督办，习惯了中饱私囊的他见施剑翘如此刚正，便提着一些礼品到施剑翘办公的地方去套近乎。看着这样一个唯利是图的小人，正直的施剑翘不由得心生厌恶。但碍于情面，她还要客气地"请"这位专员离开。但专员却并不理会。

在他看来，一个女人家一定掀不起多大风浪，即便现在的她律令严苛，但坚持下说不定就被礼品与礼金收服。他不顾脸面地在施剑翘面前僵持，希望她放下架子后能与自己达成"共同盈利"的局面。但没想到，施剑翘却比他想象的刚毅得多。

见这位专员怎么都请不走，施剑翘的内心愈发反感。那些送到她手上的礼物几次推脱总是推不出去，这让她更是难办。此时，正好慰劳组的工作人员进来请示慰问品的发放安排，施剑翘签完字，心里突然生出了拒收礼品的妙计。

专员还在门口的椅子上坐着，施剑翘却转身从屋里拿出一个大篮筐，而后将方才放在地上的礼品全数放入篮筐中，以慰问品的名义，大摇大摆地提出了门口。

专员见她如此举动，赶忙起身来阻拦。施剑翘见机行事，再次提出了收回礼品的要求。专员见施剑翘真心不收，只得耷拉着脑袋，灰溜溜地离开了慰劳组。

接下来的日子里，施剑翘的工作更加认真，也更加繁重。每天，在太阳还没升起来的时候施剑翘就出门了，晚上，她又披星戴月加班，常常拖着疲惫的脚步回家。以前，慰劳组也曾经有过几任领导，但他们的工作信条都是做好自己分内的事，其他的内容只要和自己无关通通不予理睬，但施剑翘却不同。

对她来说，工作的内容似乎是永无止境的，因为只要与抗战相关，施剑翘都会不由自主地燃起工作的热情。除了完成分内的工作，她还不遗余力地为抗战做宣传。有时，她会拿着带血的军装到学校或其他地方演讲，试图让更多的人体会到战争的残酷和侵略者的可恨；有时，她会和女工们一起做军鞋，将自己的满腔热情一针一线地缝进对前线战士的关怀中；有时，她还会带着慰问品到医院慰问伤员，鼓励他们重新面对生活的同时，为他们送去了生活的必需品。

为了筹集到更多的慰问品，施剑翘还经常跑到上级部门请求增援，但战乱不堪的年代里，人们都只顾着低头自扫门前雪，哪里还有帮助别人的情怀。于是她的请求被多次拒绝，甚至连登门拜访都被拒之门外。

在别人看来，施剑翘似乎显得有些愚笨，因为没有人会像她一样放着简单的日子不过，选择这样辛苦奔波。但施剑翘心里却比任何人都明白自己的所作所为会带来的价值。

彼时，祖国正面临着前所未有的苦难，四万万同胞中，难免会有看重一己之私的人，但这样的人性弱点却绝对不是社会的主流。前线的男儿们浴血奋战，后方的女人们则用自己的辛勤劳动为他们加油鼓劲。这是一种空前的团结，更是一种空前的和谐。尽管战火的弥漫不能瞬间停止，但只要祖国人民团结一致，失道寡助的侵略者必定在强大的民族力量前一败涂地。

第八章
奔走·
生活的另一番模样

和煦春风暖心境

1937年,卢沟桥一声炮响,开始了中华大地上长达八年的满目疮痍。战争是无望的,唯一能在战争中带给人们一线希望的,莫过于一次振奋人心的胜利。哪怕这只是一次局部的胜利,也足以在惊惶的人心中送去一缕春风和煦,让干涸的土地多一丝水分与养分。

很庆幸,这样的春风,在卢沟桥炮响后的三个月内,终于不负众人民的翘首期盼,在9月下旬降临在神州大地,降临在施剑翘的耳里、眼里、心里。平型关战役大捷的喜报传来,大家奔走相告,喜悦之情溢于言表。

军民鱼水一家亲。前方捷报传来,民众箪食壶浆,军衣军裤军鞋、慰问庆贺的信件、各类物资等,从祖国的四面八方扬翼飞向施剑翘所在的慰劳组,军情振奋。会计、登记员等工作人员都为之拍手称快。物资的数字飞速攀升,像人们心中的希望一样水涨船高。组里的"文化人们"读着群众的信件,像读着初恋情人的情书一样眉飞色舞,像读着新婚妻子的思念私语一样怦然心动,像读着执子之手的伴侣一样想要与子偕老。群众对于军队的支持是军队的一颗定心丸,也是修复战士伤痛的万金油、特效药。

在兴奋之余，施剑翘也在暗自纳罕——八路军胜利的基础到底在哪里？论装备，"土八路"没有正规军的全套装备，武器残缺落后；论政治基础，还没有得到中央政府承认的八路军，还不属于正规军，政治基础并不扎实；论体力，八路军连日累月的战斗奔走，早该疲惫不堪，营养补给又跟不上，究竟哪来的体力战斗呢？

施剑翘最后终于明白，精神的坚韧会让物质载体焕发更大的光彩。对于抗日的坚定信念，对于救人民于水火的坚定责任感，对于保家卫国的神圣使命感，使得各方面条件都无比艰难的"土八路"，很快迎来了人们翘首以盼的一次全面胜利。

至此，施剑翘也坚定了信念，无论何党何派，只要为了保家卫国付出自己所有的军队，就是好军队。就是人民的军队，就是值得人们拥戴与称颂的军队，就是阴天里的一缕春风，就是低温里的一把烈火，就是黑暗里的无限光亮。

于是，施剑翘将同志们数清的所有物资列成报单，将群众们的热情送到军营中去，送到战士们的心里去。

但是施剑翘收到的批复却是令她万万没想到的——"平型关一战乃八路军游击战术，不值一贺，慰劳品一律不发。"

她十分不解：无论是用哪种战术获得胜利，既然是胜利，难道不是都应该庆贺吗？无论是哪个军队获得胜利，既然都是一心为民为国，难道不值得慰问吗？

怀着不解与不平，施剑翘直奔国民党省党部科长办公室。科长气定神闲地面对怒气冲冲的施剑翘，眯缝着懒洋洋的眼，以打太极的心态波澜不惊地面对即将迎面而来的询问。

施剑翘将报告单呈在科长眼前，科长缓缓伸手揽过，随后漫不经心地将之撕烂在桌面。理由当然是堂而皇之的——批复已经说得一清二白，还有什么需要来询问？批文是不容置疑的。更何况你身为组织上的人，控制不住自己的言行、情绪、语态，成何体统？

施剑翘无可奈何，只得愤愤然夺门而去。她气急，但是不能不顾大局，不能逞一时之快。有什么两全之策呢？施剑翘让自己的心情平复下来后，转身上楼，来到了负责兼管抗日后援会的省党部执行委员会办公室门前。

执行委员倒是十分亲切，但是当听施剑翘说明来意后，他也是噤若寒蝉，急急打住施剑翘为八路军说了一半的话，给施剑翘阐明利弊关系，好好地上了一堂"思想政治课"。

"施剑翘女士，君子报仇，十年不晚。你卧薪尝胆十年为父报仇、手刃孙传芳的事情，我们都有所耳闻。我们佩服你的果敢和坚韧，也钦佩你的孝心和执着。除此之外，你的本职工作也做得十分到位，责任意识和家国情怀令人感喟，我们谁都不能抹杀你对组织的贡献……"执行委员的太极打得更熟练、更圆润、更持久，但是施剑翘仍然十分坚定地、耐心地听着，等待他太极圆回来的时刻，就为了最终他的答复。

"尽管如此，我们仍要注意立场。科长的想法并非没有道理。八路军是共产党的部队，无论是指挥还是战术，和我们都不是十分一致的，尽管取得了胜利，这个胜利也理应由共产党辖区的百姓去箪食壶浆，我们不能越俎代庖。"

看到施剑翘仍是一脸刚毅，不为所动，执行委员继续"苦口婆心"地进行规劝和游说，但是施剑翘仍是不满，将心中的疑惑一股脑儿地倾倒了出来——"我是个无党派人士，我不懂你们的党派立场，我只知道我爱我的祖国，而我的祖国正在受日本人的杀戮和残害。这几个月来的生灵涂炭和家园破灭，给我们的心里造成了无尽的恐慌和不安。唯有这次平型关大捷，给群众们一点生的希望，给群众们一点前进的鼓舞。无论是何党派，在敌人面前，在保家卫国的民族大义面前，我们就应该是一致的，同仇敌忾的，一心对外的，而不是窝里斗。您也说了我在自己的岗位上尽职尽责，那么作为慰劳组的主任，我必须对这些慰问物资负责到底，我不能让群众们的心意不了了之、随风而逝，我要让为我们取得胜利的前线军人感受到后方群众的无限支持！否则，我这个慰劳组主任，怎么能算是尽职尽责、兢兢业业呢？"

执行委员没想到一手好太极和的稀泥被施剑翘浇铸成了水泥。话柄被抓住反将了一军，一时间也是又气又急。但是，毕竟是见过大场面的人，执行委员愣是将话题扯了回来——湖南战区的伤病员也需要物资，何不就地转移，用在刀刃上？免得到处周转，多费周章。

而施剑翘则针锋相对，不依不饶——因为什么意愿而来的物资，老百姓想要送到哪里去的物资，就应该送到它们该去的地方。否则就是违背人民意愿，挪用人民物资！

这样几个回合下来，执行委员逐渐招架不住，但是上级部门及领导的意愿是一介卑职所无法违逆的。在这一来二往电光火石之中，施剑翘已经看清了这体系的意志，摸透了这组织的立场。既然无法改变，那么，道不同不相为谋，干脆离去！

施剑翘心意已决，回去后便提请了辞职。当然这辞职也是置之死地而后生，若能反将一军，则此局棋尚有救，且很可能翻盘为胜，赢得满堂红。

果然，这一辞职申请惊动了张治中主席。毕竟施剑翘是有一定社会影响力的人物，一旦辞职，无论对外做何种解释，群众都未必会信。即使愿意听解释，施剑翘一旦说出个中原委，以其品质，人们必然愿意听信施剑翘而非政党的官方说辞。

为避免事件的进一步扩大化，张主席选择了折中妥协，召开会议研究方案，最终决定支持施剑翘的做法。

施剑翘随慰问物资一起来到了目的地。这是施剑翘第一次见到"传说中"的共产党八路军。以往对于八路军的记忆和印象仅仅停留在人们的谈说中和机关刊物的笔头上，如今真的要见到真实的人物，竟不免有些好奇和紧张。

施剑翘即将要见的是徐特立。著名的中共五老之一出现在施剑翘眼前的是一位和蔼可亲的"邻家老人"。普通的模样，普通的衣着，普通的饮食起居，施剑翘恍惚间竟以为自己进错了一个群众的大院。若不是老人亲口确认自己就是徐特立，施剑翘是万万不能相信的。

不等施剑翘多说几句来意，老人已然笑意盈盈地开口。在其送达慰问物资之前，先对施剑翘的争取做了精神上的慰劳，感谢了她为这批物资的据理力争。一番话说得施剑翘不由得心生感动。

人往往是这样。很多时候，我们秉持内心的原则做事，跟随自己内心最真实的意愿走向该走的方向，这中间付出的精力和汗水，所承受的压力和委屈，所历经的煎熬和挣扎，所忍耐的痛苦和伤害，都是我们心甘情愿的，我们愿意为之承受的，我们认为值得的。我们并没有为此而希望得到怎样的回报，并不渴望某天会有对等价值的东西回馈，但是当某一个瞬间，我们的内心感受到一些理解的人和声音、适逢一些志同道合的人的时候，却会感到无与伦比地感动，感到前所未有地开阔，感到自己的坚持都是有意义的。

　　此刻的施剑翘正是这样。眼前的这位徐特立老人，让她感到自己之前做的所有努力都是值得的。这样的时刻在之前报仇的大半生中，鲜少有之，因此施剑翘倍感珍惜。

　　一阵寒暄之后，施剑翘和徐老谈开了。这些年郁积在心头的疑惑也渐渐明朗，渐渐散去。以往听说过的国共合作无数破裂的先例，国民党对共产党无数版本的传言，都在这个粗茶淡饭的午后，在安心落意的交谈里，得到了前所未有的通透感受。

　　仅仅是这样的一次会面，简单，自然，朴实，随性，却在施剑翘的心中开启了一方新的天地。这一方天地就像是启蒙运动时代，进步人士为还在中世纪神权笼罩下的人们开辟的一方精神明镜。

　　抬头看天，天仿佛更蓝。水晶蓝的背后，是阳光普照的大地，是大地上生生不息的人们，是人们世代耕耘的家园，是为保卫家园的人们抛的头颅、洒的热血，是血沃之地上生长出的金麦穗和赶车谣。

　　抗战事业就这样在施剑翘内心的血沃之地上生了根发了芽，正如火如荼地要急急开展成一片森林，维护一方世界。正所谓"团圆似叙天伦乐，心在天涯战鼓旁"。

一转眼凛冬将至，家人要去往昆明，而施剑翘为了已经投身其中的抗战事业，执意留在长沙。无论老母孱弱，执意劝阻，还是孩子年幼，放心不下，都没能动摇施剑翘留在长沙的决心。虽然心里万般不舍一家老小，虽然一想到以后自己和母亲、孩子即将天各一方就心如刀绞，但是一想到身在水深火热之中的中华同胞，便一咬牙一横心，坚持舍小家保大家。施剑翘母亲虽也是心有戚戚然，但也识得大体顾得大局，最终仍是支持女儿深明大义的决定。

这之后的工作，无论前方战局如何，伤亡如何，施剑翘总是尽心尽力做好慰问组的工作，做好大后方的工作，密切配合前线工作。

第二年春天，又是春风和煦的时候，继平型关大捷之后，又传来令国人心头一震的消息——在中日汉口空战中，中国战士陈天民视死如归，与日本战机群相撞，同归于尽，壮烈牺牲。

人们奔走相告，既为了这样的牺牲心疼，也为了这种视死如归的勇气嘉赞。作为慰问组主任的施剑翘，更是坐不住了。她带着大批物资，以湖南抗敌后援总会的身份赶往汉口慰问。在驻地分发完慰问物资后，又执意前往机场看望整装待发的飞行员，才算是安心落意了。士气往往是双方相互补给的。施剑翘尽到了自己心意的同时，也为后方的人民群众带去了前线空军战士的消息，而战士们也因为她的到来军情鼓舞——施剑翘的事迹在军中也是广为传播的。

除此之外，施剑翘还锦上添花进一步做了两件慰问组的大事——一是一并去看望了帮助中国抗战的苏联飞行员；二是出席了"战灾儿童义养会"会议。

　　这两件大事，也大大提高了施剑翘在人们心目中的威望——施剑翘不仅作为人民的喉舌将中国人民的问候带给了苏联飞行员，也作为群众的眼睛去一窥苏联飞行员之究竟。

　　后者使施剑翘以此为契机结识了会议组织者邓颖超、史良。邓颖超更是要进一步介绍施剑翘和周恩来同志认识。这些共产党同志的一贯亲和作风和为公精神，使得施剑翘深为感动。在和这些共产党员陆续的接触中，也使得她心中的天平由国民党不断向共产党倾斜——尽管此前，她曾是一个坚定的无党派人士。

　　在回到长沙之后，施剑翘仍改名换姓与邓颖超保持书信往来。

大鱼不在此滩留

　　时光仍是穿流过。华夏大地上的命运同个人的命运紧紧交织在一起。中日的交战转入战略相持阶段。冬去春来，春往冬至，周而复始，中华民族的殇还不知何时能完结。春风吹进人们的心里，和煦了一阵子，冬雪又至。这四季里，有时有希望，有时又是无尽的暗夜迷茫。人们在暗夜里唱着止战之殇，对于和平与安宁的祈望从未平息。

　　转眼到了1941年，施剑翘在慰问组里又担任了3年多的工作。工作愈多，心里的矛盾愈重。何党何派，何去何从。也许人心所向，便是自己的不二之选吧。施剑翘把自己的一颗心，都献给了保家卫国的人们。

　　中杰也在这几年的历练里成长为合格的军人了，在这一年结业后，调往四川省合川县任中央军校特别训练班少将副主任。于是将姐姐施剑翘和母亲二人一并都接来身边，想着一家人聚在一起，总也是在这个动荡的年代里的一阵安慰剂和强心针。

　　合川合川，顾名思义，数江并流之处。施剑翘一家自然也是顺流而下，来到安身之所。但是此处并不像名字的含义那般风平浪静，而是一如祖国遍地的时代风景一样——满目疮痍，伤痕累累,不忍直视。

在这样的土地上每走一步,都是在施剑翘心里插一把刀。和家人团聚的喜悦并没有维持很久,施剑翘就被这样迎面而来的民族之殇压制得喘不过气来,心里如铅般沉重,难以平息。

也许,这是那一代人,心里永远的伤痛。这一段历史,无论时间如何流逝,都永远无法褪去,无法忘却。

施剑翘翻来覆去,难以入眠。自己尚有一处安身之所,尚有一份可以为之奔走的事业,尚有亲人在身边,而和自己同样韶华的多少同胞,此刻都在水深火热之中,都在挣扎着维护自己的生命与尊严却不得。

到底怎样才能更有效地帮助同胞?她上下求索。

到达合川的第二天,施剑翘便拜托中杰一起,去见了县长袁雪崖。

县长与施剑翘有缘分——县长也是湖南人,在湖南待了许久的施剑翘,像见到老乡一样亲切和欢喜。他和徐处长一样都让人觉得踏实、平易近人和安心落意。

施剑翘名声在外,袁县长早有耳闻。她的登门拜访令县长喜出望外。

三人推心置腹,各自谈了对于抗日救民的想法。合川三江——嘉陵江、涪江、渠江之水在天地间汩汩流淌,三人的思绪也在战火中纷飞。不多时,一份得到社会多方参与的救灾抗日计划便诞生了。

如果说邓颖超是施剑翘一生中的中转点,那么弟弟中杰和袁县长则是当下施剑翘的两翼——一个快意恩仇、雷厉风行的女侠，两个踏实肯干、一心为民的"支持者"，这样的搭档让她得以更快、更顺利地施展自己的抱负，施展自己的一腔热血。

而民众的反应也没有让施剑翘失望。运动开展不多时，便已经有自己也身陷囹圄的群众过来支援她。虽是一己绵薄之力，但在这人人自危、朝不保夕的大环境下，却显得格外珍贵，格外令人心生敬意与感动。

群众们纷纷响应，来自社会各方的物资越来越集中地飞向施剑翘这里。她利用时机，在形势一片大好，群众热情高涨之际，于次年成立了献机委员会并担任委员会的指导长。物资的募捐也从日常生活用品逐渐转向军资，乃至于飞机大炮。当然，施剑翘自己一家也不甘落后，捐献出了力所能及的心意。

社会各界都在这场活动中贡献出了自己的力量。合川县的氛围无比高涨。每个人都自觉地参与到抗日救亡的事业中来，每个人都自觉地将自己建设成民族主人翁，为这个大家庭尽己所能。就连大家眼中一贯的吝啬鬼——爱财如命的乡土士绅，都踊跃捐献钱财物资。国难当头，大家都明白国之不国，家将不家的道理。这个时候毁家纾难，以后必将千金散尽还复来。正是在这样的时刻，千金才真正成为千金，才有了它的价格所不具备的沉甸甸的价值。

尽管仍有些不开悟的死脑筋，施剑翘的信心仍是满满的，并没有被打击。只要遇到这类思想上的"困难户"，施剑翘都亲自上阵，瓦解这些千年封建遗留下来的老顽固。每每或苦口婆心、好言相劝，或佯装怒容、"威逼利诱"，最后总以晓之以理、动之以情，基本上没有不开化的老顽固。

施剑翘"三枪拍案惊奇"的往事还在人们心中挥散不去,她硬气的女侠风范深深扎根在人们的形象记忆中。于是善者一心投诚,恶者做贼心虚,不敢招惹,退让三分。

就这样,一年来聚集的各界物资金钱,竟已足够给前线买得起飞机。时机成熟,三架战斗机如约盘旋在合川上空。这三架战斗机使民众的热情达到了高潮。一年以来大家节衣缩食省下来的所有,此刻都在人们的眼前化成了战斗机上的一块钢铁。这三架战斗机,是人们对于侵略者的痛恨,是人们对于保家卫国者的爱戴,是人们对于正义事业的支持,是人们对于施剑翘的信赖。

这一刻,是1942年农历五月初五。这一天,被世代合川县的人们铭记与传颂。合川的天仿佛更广阔了,飞吧,飞到世界尽头去,带去祖国人民的心声,带去给抗日战斗中壮烈牺牲的所有正义之士以慰问,以关切,以支持,以同仇敌忾,以必胜决心。

正义战胜非正义的这一天,终究会到来。

也正因为这样历史性的一刻,施剑翘的社会声望更高过以往。这和施剑翘的事业是相辅相成的。声望越高,越容易得到各方支持,越容易办成大事;而成就大事,壮大后方,支援前线,又更进一步地增加了施剑翘的社会威望。两者交替前进,施剑翘声望渐隆,成为了各界新闻的焦点,也有更多的人意欲为之出谋划策,鞍前马后,众志成城抗日到底。

合川的水流没有奔流太久,江水便载着冯玉祥将军的口信踏浪而来。信中提到,同为不可多得的女中英豪——宋美龄女士想要约见施剑翘,共商国是。对于这样的机会——结交志同道合伙伴的机会,可以争取更多物资以辅助本职工作的机会,与抗日民族统一战线联系得更紧密的机会，施剑翘自然是作为重中之重，当即便动身前往重庆。

识时务者为俊杰，胸怀民族大义者为豪杰。施剑翘一招亮剑，同道中人便纷至沓来，惺惺相惜之情不言自明，溢于言表。

果不其然，施剑翘从冯将军处得知，宋美龄女士也正在如火如荼筹备开展献机运动。施剑翘一听，心中难掩激动，即刻便奔赴约定地点——蒋委员长的黄山官邸，迫不及待地想见一见美龄"战友"。

但是见面并没有想象中的那么轻易，这一等便等了两刻钟。

两刻钟，在前线，也许已经飞过了无数的子弹，也许敌人的飞机上已经进行了几番的狂轰滥炸，也许正冲在枪林弹雨中的人们又倒下了一批，也许相聚在一起的家庭又离散了许多，也许中华大地又被占领了几寸；两刻钟，也许后方的物资又壮大了不少，也许飞机的钢材，又募集了几块，也许铁公鸡的思想高地，又被攻克下几座，也许运往前线的物资，又前进了几公里，也许合川的天空，又蔚蓝了几分。

然而这一切都没有发生。这两刻钟，施剑翘只是坐在这豪华的官邸里，静静等待，任凭时间无声流逝。其实在她心里，时间如鼓点一般在急促敲打着，提醒施剑翘珍惜每一分钟，不要作无谓的浪费。她心急如焚，却唯有耐心等待。

利用这两刻钟，施剑翘眼光环顾四周，目光所及之处，遍布惊讶——她惊讶于官邸的幽静，这和前线的战火格格不入；她惊讶于官邸装修的豪华，这和中华大地上物资的紧缺格格不入；她惊讶于党内上级和下级之间的差别待遇，如此之巨大；她惊讶于官邸内时间的流逝，如此之慢，如此之无奈，如此之无用。

就这样煎熬了两刻钟，宋美龄终于缓步出现在客厅，衣着光华，光彩过人，这和施剑翘的英气和硬气，形成了鲜明的对比，似乎也预示着今后两人路途的天各一方——是的，后来的历史证明，两人选择了并不同归的殊途。

两人初相见，是片刻的互相打量。这打量，都在暗地里忖度成对方的形象，描画出对方的精神轮廓。没有太多迂回的客气，宋美龄很快便说明了意图——希望施剑翘可以来到她身边，为她一同工作。

但是施剑翘已然在那等待的两刻钟和打量的片刻时间里，嗅到了不合适的气息。为这样的一位国家领导人工作，为这样的一位妇女领袖工作，为这样一位政治人物工作，是会如虎添翼，还是会丧失自我，最终成为棋盘中的一颗棋子任人摆布？

方寸间，施剑翘已经做好了决定——继续自己的事业，而避免沦为附庸。她优雅地回绝了蒋夫人的好意，没有留下商量的余地，只留下一脸惊诧的蒋夫人。

宋美龄万万不曾想到，这个和自己做着相似工作的人，这个和自己相同性别的人，这个为了来见自己放下手头工作从合川沿嘉陵江来到重庆的人，这个登门拜访的人，难道不是为了和自己合作而来吗？难道不是因为仰慕自己而来吗？难道不是为了继续将事业进行下去而来吗？为什么竟会立即拒绝？

宋美龄所不知道的是，施剑翘这样捧着一颗热心来，不带半棵草去。无非是因为自己的心太红、太正，而这半棵草太绿、太硬，长不进施剑翘心里，容不进施剑翘的色调里，没法在她柔软而坚硬的心里生根发芽，长成参天大树。

这另外一半搭档，既然不是蒋委员长的夫人宋美龄，那么又将花落谁家呢？施剑翘的民族之心，将为谁停留呢？施剑翘的如虎之翼，将由谁续接呢？

想来，这所有的选择，都并非冥冥中的安排。而是源自于深植内心的价值选择。

从云小学的点滴故事

  抗日的征程在人们的坚持中看到了结束的希望，带着胜利结束的希望。

  一批又一批像施剑翘一样的人民群众投身到抗日中去，无论是在战火中的还是在战火外的，无论是前线还是后方，无论是富裕还是贫穷。正是这些如扑火飞蛾般的正义之士，让这场非正义的侵略战争最终迎来了人间正道。尽管沧桑，却不负众望。

  1945年的夏天，终于传来了日本投降的消息。9月2日，日本正式签署投降书。这样历史性的时刻，在多年以后的新中国，仍然每年都是值得亿万同胞庆贺、感慨与铭记的时刻。

  抗战胜利后的70周年，也就是2015年的9月3日，成为举国同庆的法定假日——为了纪念中国抗日战争暨世界反法西斯战争胜利70周年。

  这个纪念日，是为所有坚持抗战的人民所设，是为世界上所有反法西斯战争流过血泪的人所设，为所有无辜逝去的生命所设。只有经历过的人，才知道和平的弥足珍贵。

  然而在当时，也许侵略者心中所怀有的信条，一如古希腊哲学家赫拉克利特所宣扬的——战争是普遍的，是正义的，是万物之王。乍听之下多么残忍。特别是当无数小人物的命运体现在战争里的时候。但是这句话在侵略者耳中听来又是多么正确。所有的一切都是人性作祟，人性使然。任何外部形式只是借口和掩饰。

战争是万物之王，它使一些人成为神，一些人成为人，一些人成为奴隶，一些人成为自由人。战争只不过让一切成为其该成为的，那是早已经在人性中决定了的。

人性本无善无恶，只是本性。

施剑翘也终于在这八年的抗战生涯中逐渐摸出了一些人性的味道。除了战争，党派之争何尝不是呢？政治之争何尝不是呢？

施剑翘的天平已经倾斜了很长的一段时日。战争的动荡使得她不曾明确做出抉择，但是心里的答案已经逐渐明朗。尤其是战争结束后国民党的所作所为，让她彻底掉头逆行，只留下背影在人们的瞭望中。

抗日战争胜利后，大家都急切想要返回故乡。无论故乡是夷为平地也好，满目废墟也好，是浮粪四溢的墟场也好，故乡终究是出门在外游子魂牵梦萦的故乡，挥之不去的故乡。

然而这时的神州大地，想归乡却是一件极为不易的事。战后交通尚未完全恢复，而所有归乡的路途，都被国民党的达官显贵挤占。各种方式的交通工具，各种归家的路线，都优先为显贵让道。那些在抗战时被国民党称作一家人的人民群众，那些在募捐时慷慨解囊自己却节衣缩食的民众，在这样的时刻都成了陌路人。似乎曾经的一切都不曾发生过。领导人的耳朵里听不见人们归家的呼号，听不见底层民众的声音。也许所有声音，都淹没在一片胜利的歌颂声中吧，被歌颂的人早已被冲昏了头脑。

交通部门更是趁机涨价，哄抬票价，丝毫不是为民服务的部门，倒成了新时代里的封建地主。抓住一切机会剥削，剥削得红了眼。在暴利面前，人性再一次得到了彰显。恶的，势利的，谄媚的都出来了。

或许还有些许积蓄的，历尽万难也有回到故乡的；但是更多的平民百姓，没有任何希望。八年抗战都熬过来了，人们却忽然在这一时间失去了希望。嘉陵江上慢慢地多了些绝望人们的尸体。身体回不去了，那么让飘离的灵魂回去吧。

施剑翘亲眼见证着这一切的一切。熊熊怒火在心中燃烧。终于，她内心的天平完全倾斜。"压垮骆驼的最后一根稻草"终于来了。

她终于决定，要和邓颖超、董必武、史良等人完全站到一个战壕里，为人民群众继续做好事、做实事。最起码，要让那些曾经无私支持过施剑翘工作的百姓有家可归，有归家的路可以踏上，有温暖的希望可以充盈在废墟上。

那么，要从哪里开始做起呢？

施剑翘想到了原来邓颖超和史良曾经组织的"战灾儿童义养会"。为何不筹办一个类似机构，让饱受战乱的人们的子女能有朝一日坐在干净明亮的学堂里书声朗朗，享受书中的安宁呢？当然，这样的享受是孩子们的权利，施剑翘自然是打算义务办学，不收孩子们一分钱。就让所有贫富阶层都随风而逝吧。

但是，这样的决定并不是可以获得所有人的支持。比如施剑翘的家人尤其不能理解——以施剑翘的社会声望和办事能力，多少社会人士在等着与她合作，多少政府职位在等着她挑选，为什么不安心谋一份职业，还要继续做这样飘忽不定的所谓理想事业呢？

免费办学，办学资金从哪里来？从业教师从哪里来？她管理的精力从哪里来？不难想象，如果走上这条路，施剑翘又将走上社会集资的选择。但此时不比抗战时期，战后重建，谁都急需物资应援，有多少人会把物资投到这个看不见收成的无底洞里？这些孩子万一出了什么问题，你又如何担待得起社会责任？这些孩子如果日后没有成为国家栋梁之材，你又如何回馈社会、回馈投资人？

然而，这些质疑和指摘并没有让施剑翘轻易败下阵来。此时的施剑翘想起了冯玉祥将军，于是马上又动身前去拜访。

那时施剑翘的冯将军亦是属于没有返乡的那一批人，也没有像绝大多数国民党政府官员一样从陪都重庆回到南京政府。等施剑翘说明来意以后，两人一拍即合。

学校就以施剑翘先四叔从云公的名字命名。以此来纪念辛亥革命的丰功伟绩，也是借以提醒当局者，前事不忘，后事之师。无论是革命还是抗战，最终的硕果都是无数生命的鲜血为代价换来的。不能在胜利的一朝一夕之间，全换作背弃。

冯玉祥为了支持施剑翘的事业，答应出任从云小学的董事长，承诺要同她一起，从学校的一砖一瓦开始，从学校的规章制度开始，共同携手创办理想的小学校。

而冯玉祥给施剑翘除了支持以外的更大惊喜——不但当即决定带头捐一笔钱，更将大教育家陶行知先生介绍给她。冯将军穿针引线的本领，看来并不随着年岁渐长有所褪色，反倒是老当益壮。

施剑翘着实被意外地惊喜了一把。没想到走出家庭，走出弟弟口中的重重困难与不解，外面的天地仍有这么多机遇，能遇到这么多志同道合的伙伴。

施剑翘当即坐不住了，从冯将军家出来，便径直去了陶行知先生处。两位共同为教育怀揣满腔热忱的理想主义者，见面便有道不尽的话题。陶行知将自己实践半生的育才学校经验、平民教育理念都对施剑翘和盘托出。知无不言，言无不尽。

陶行知的教育正如其名，名副其实。行知行知，行在前知方有，从做中学，在学中做。实践出真知，这是陶行知一贯秉承的教育理念。平民教育也是如此——工学不分家。既能锻炼生活技能，又能减轻办学负担，何乐而不为？

听君一席话，胜读十年书。施剑翘在和陶行知先生的谈话间，感到自己醍醐灌顶，受益良多。不仅如此，陶行知先生为了表示对施剑翘的支持，还答应施剑翘一定介绍教育行业的可靠朋友过来帮助施剑翘建校，且请了田汉先生为学校写校歌。

就这样，在施剑翘的坚持下，在各方的帮助下，在抗战胜利后的第二年初，从云小学便在苏州正式建校了。由陶行知先生推荐的全国普及教育助成会会员孔令宗负责教学管理，施剑翘出任校长。第一届学生基本是工人、平民子弟，以及一些无家可归的孩子。第一届学生满员后，便正式开始了教学生涯。

施剑翘的办学生涯开始得如鱼得水。自己的想法可以在学校制度中悉数实践，并且不少都收到了良好的成效。她对于品学兼优学生的奖励让学生迸发出了更大的学习热情，也让贫困之家知道了依靠自己的努力可以出人头地的道理。孩子们学习勤奋，办学效果斐然。一传十，十传百，越来越多的家长希望把孩子送到从云小学就读——仰慕施剑翘的人品也好，欣赏学校的制度也好。学生人数翻倍成长，一切似乎都在往好的方向发展。

但是在这样一个时局动荡的年代，个人的命运同时代的动荡是无法分离开的。人们有时无法为理想找一个安身之所，找一块世外桃源，找一个可以两耳不闻窗外事、一心只读圣贤书的地方。陶渊明的"乃不知有汉，无论魏晋"，只是一个美好的幻想罢了；老子的鸡犬之声相闻，也只是一个理想国。

现实情况是，在抗日战争之后，国共两党又开始了内战。刚刚安定一点的局面，又因为党派的纷争开始掀起波澜。解放战争一旦开始，处于水深火热之中的百姓又不知道何时能逃出生天了。

施剑翘的从云小学当然也免不了不受影响。

为了继续维持学校的生存，也为了想方设法阻止内战，使得刚刚脱离苦海的人民百姓可以远离战争，施剑翘又开始四处奔走，寻求各方安定的和平解决之道。

1946年6月至1947年3月间，周恩来、邓颖超撤离南京到达上海。施剑翘为解决办学经费到沪上募捐，曾造访周恩来、邓颖超居住地。在此期间，她和周恩来、邓颖超、董必武有过多次接触并逐渐与中国共产党建立了深厚感情……

上海筹款，遇见一次特殊任务

时局的动荡施剑翘以一己之力没法改变，那只能让孩子们在经济条件上少受点苦，少一点拮据，多安心读书，以期今后成为一个对社会有用的人。施剑翘只得又四处奔波，为从云小学的经费筹款。施剑翘的从云小学，可不想培养出一批庸才。必要的经济投入是不可避免的。

施剑翘于是从南京奔赴上海，又开始筹款之路。

也许是和邓颖超、周恩来有缘，到了上海之后，又听说两位先生也在上海，于是免不了又是专程拜访。

就是这样的一次拜访，让施剑翘的筹款之行变成了一次特殊任务。当然，这个任务她是成竹在胸，势在必得的。

原来，时逢周恩来先生遇到一件难事——国民党飞行员刘善本打算起义，但是消息被蒋介石知道后，便派人将刘善本家人监禁了起来。他们一家的生活举步维艰，周恩来想派人送物资接济也苦于监禁严密，无法可想，无路可走。

施剑翘自然是义不容辞。一把便将这个特殊任务包揽在身，让周恩来放一万个心，保证完成任务。邓颖超与她往来多年，又岂有不信任之理，于是便当即决定让剑翘去送物资，帮助刘善本家人渡过难关。

当然施剑翘也不是鲁莽行事，冒冒失失接这个任务的。虽然刘善本家里已经布满了空军的特工人员，外人难以接近，但是她为从云小学筹款的事宜社会各界都多少听说一二。而当时空军的司令周至柔刚好是从云小学的董事。那么，校长拜访董事，共商学校筹措款项等事宜，恐怕也很难遭到为难。施剑翘正是打算借着筹款的幌子，去为周恩来、邓颖超解决心头烦忧。

周恩来将法币郑重交到施剑翘手里，邓颖超还一再直叮嘱施剑翘的安全问题，千万不要因为这项特殊任务自己出了什么闪失。施剑翘自然也是一一应允。虽然世间万事自己并不能一一预料，但是为了亲近的人保全自己的安危，是一种基本的责任。不能让担心自己的人提心吊胆，为自己的性命担忧。

施剑翘回去取了从云小学的董事会名卡及募捐册，已经做好万全的准备，捋好说辞，便向空军司令部奔去。然而出乎意料的是，司令并没有在司令部。听到这个消息，施剑翘的心顿时一沉，在会客室的这一段时间显得十分煎熬。她心里在担心，如果不是司令接见，其他人会认识她吗？会怀疑她吗？会露馅吗？特殊任务会失败吗？会连累刘善本家人还有邓大姐他们吗？

就在思绪正乱的时候，参谋长出来会见了施剑翘。她正在忐忑时，没承想参谋长却像遇见故人一般兴奋地握住了施剑翘的手。

施剑翘一时倒是懵住了——这位参谋长，往日与自己似乎并无交集，但是此时看他的神情，仿佛倒像是与她认识多年的好友了。施剑翘在脑中努力地回忆，一遍遍地播放曾经有可能相遇的瞬间，却始终没能回忆起眼前这张兴奋的脸。

于是施剑翘只好扫兴地开口相问，才知道原来眼前这位参谋长是八年前自己慰问空军的时候送锦旗一起合照留念的一位空军。虽然给施剑翘留下的印象不深，但是这位空军参谋长却对她的英雄事迹早有耳闻，十分敬佩与欣赏，百闻不如一见，好不容易见面并合影了，自然是毕生不敢再忘。

这虽然出乎施剑翘意料之外，但是对于她的特殊任务，倒是有百利而无一害的。施剑翘悬着的心终于可以略放一放。

施剑翘顺着参谋长的叙说，理了理回忆的思路，终于想起来，这便是当年慰问空军时候的飞行队长。

自当年一别之后，八年未见。八年的时间可以改变太多太多。施剑翘不知道眼前的人是否支持同为空军的刘善本的起义行为，不知道他是否忠实地执行监禁刘善本家人的命令。于是便试探性地与之攀谈起来，以期在谈天说地中试探出对方的政治立场，好让自己进一步明确自己下一步的行动方向。

但是参谋长不愧是参谋长，在遭遇施剑翘的话锋时，总是能巧妙地避开话题，起承转合间滴水不漏。一来二去，施剑翘知道自己不能倚赖眼前这个人太多，于是便单刀直入，开门见山地说明了自己的来意——为从云小学筹款。

对于这一行为，参谋长倒是支持的，毕竟这是造福人民、培养人才的育人大计。十年树木、百年树人，教育事业的艰辛和任重道远，使得任何人都会对这一事业有着天然的敬重、亲近与支持。于是施剑翘以此为名提的相关要求也被一一应允。

施剑翘的到来对于刘善本的家人来说正是雪中送炭。自从被囚禁之后，刘善本家人的生活已经到了举步维艰的地步。难得有探望的人都被特务惊惶打散。刘善本的妻子周叔璜已是愁眉不展多日。当见到施剑翘时，原以为又是国民党哪个部门派来问话、监视的，一时间怒目圆睁、针锋相对。这些天周叔璜已经不堪其扰了。

但当施剑翘避开监视人员伺机说明来意以后，叔璜不禁激动难忍，热泪盈眶。施剑翘就势高声问讯，唬得特务以为她真的是来给刘善本家人做思想工作的。

就这样，施剑翘深入龙潭虎穴，轻取阵地，不但将法币亲手交到刘善本家人手中，还将周叔璜手书的收条交给周恩来、邓颖超，好让二位放心。

事情原本以为就这样过去了。但是回家以后，却被堂兄施中诚咄咄逼人地问出了实话。

一开始，施剑翘还拿从云小学的筹款当幌子应付堂兄的质问，没承想中诚已然接收空军参谋长的消息——从司令部出来后，你去了刘善本家！

施剑翘心一沉，不知如何是好。本以为特殊任务完成了，回到家中可以安宁片刻，没想到还要接受家中不同政治立场的亲人的问询。对于敌人，施剑翘可以脸不红心不跳，沉着冷静应对任何状况。但是对于家人，她真的无法撒谎。

可是如若承认，堂兄的立场该何去何从？家人陷入两难境地之后，自己又该如何处理这样的局面？

特殊任务的特殊后果，施剑翘接下来要谨慎面对。

第九章

传奇·
历史深处的鲜艳记忆

奔马永远向前

在南京的施家,施中诚眉头紧锁,一个人不言不语地端坐在客厅里,等着堂妹施剑翘回来。

时间一分一秒地过去了,施中诚表情越来越难看,心火直烧。上海空军司令部的陈参谋长上午给他打了个长途电话,说是蓝衣社的一个小特务向司令部报告,施剑翘去了刘善本家。

这可着实吓了他一大跳。现在国共两党势不两立,两方人马正战得不可开交,他刘善本私自从空军出走,还驾着飞机逃到延安去。国民党视其为叛徒,现在把他家当成重点监视对象,这个节骨眼上去和刘善本的家属接触,不是找死吗?

施中诚越想越后怕,正在气头上的时候,"吱——"的一声,大门被打开了,只见面露喜色的施剑翘提着大包、小包地回到家里。看到客厅里的施中诚,施剑翘脆生生地喊了一句"大哥好",然后连忙要赶到后房跟母亲请安。

"站住!"施中诚阴沉着脸叫住了她。

施剑翘猛地回头,不解地看向堂哥。在印象中,堂哥很少摆出如此严厉的态度,她心底暗道一声"坏了"!

果不其然,施中诚开口便问:"你告诉我,你到上海干什么去了?"

"为从云小学募捐呀！"施剑翘理所当然地回答。

施中诚冷笑一声："募捐？我看你是去刘善本家了吧！别瞒我了，蓝衣社的小特务都已经向司令部汇报你的行踪了。到底是谁让你去刘善本家的？"

此时，施剑翘的心怦怦地跳得厉害。她本以为这件事办得挺利索的，照理说应该没有留下半点蛛丝马迹。即使汽车司机回去报告那位参谋长，他也是哑巴吃黄连，有苦说不出。万万没有料到，身后竟然还有特务盯梢。对蓝衣社的厉害，她也是早有耳闻的，此事若是张扬出去，刘善本夫人恐怕会有麻烦，可不能因为自己害了他们啊！

这可如何是好？面对施中诚质问的眼神，施剑翘心里百转千回，权衡利弊之后，她决定不把实情和盘托出。要知道，自从上次劝堂兄与当局分手遭到拒绝之后，施剑翘心里早就对施中诚怀有戒心，何况是如今人命关天的大事，她更不可贸然行事。

于是，施剑翘先稳了一下情绪，回身坐在椅子上，故作轻松地说："抗战时在四川，我认识不少空军老弟，刘善本也是其中一个。有机会去上海，就到他家看看，这又怎么啦？"

施中诚手指点着妹妹的额头，恨铁不成钢地说："好你个施剑翘，现在是讲义气的时候吗？刘善本私自驾着飞机叛逃延安，这是什么性质？往大了说是叛党！你明明知道他的眷属已经被软禁起来了，还要闯进去，上面若是查问起来，你怎么答对？我看你年纪越大越是不经事了，这年头兵荒马乱的，多一事不如少一事，你怎么还没事找事啊？"

施中诚把憋了一早上的怒火一下子发泄出来，这倒让施剑翘看出了点名堂。看来堂哥并没抓住自己什么把柄，恐怕是代替别人来套自己的话，试探自己的背景。

施剑翘越发有恃无恐，反倒更来劲儿了。她凑到施中诚身边，故意气鼓鼓地说："我是坐空军司令部的吉普车去的，路上有司机跟着，进门有卫兵护着，没有什么说不清楚的。既然如此，你们打算把我怎么办？是抓还是杀？大概你们早就想把我送进监狱了，是不是？"

看着施剑翘有些恼羞成怒的样子，施中诚明知这个妹妹肯定另有隐情，却也拿她没办法，又怕她再做出什么惊天动地的"大事儿"来，于是晓之以理、动之以情地说："我说兰妹啊，你何必跟我怄气呢？现在内战已经爆发，国共两党誓不两立，早晚是一个收拾一个。上次我答应你不直接与共军作战，那今天你也得答应我，不要再给共产党做事了。听说那年蒋夫人接见你，你弄得她挺不痛快，惹得外面议论纷纷。这样下去，不仅你自己会遇到危险，弄不好还会连累全家。"

听了这话后，施剑翘并不吭声，直直地盯着堂兄看。在施中诚看来，这倒是有几分后怕的模样，于是他便摆出一副"大家长"的样子，拍了拍施剑翘的肩膀，宽慰道："这次的事情呢，虽然很棘手，不过你也不用担心，我会负责把它了结掉的。陈参谋长是我的旧部下，不会不给我面子的。至于蓝衣社方面，扔给他几根条子，再加上我这块牌子，也能堵住他们的嘴。只是，兰妹，这一次你得听我的话，我今天给你打了圆场，你今后可不要再做连累家人的事了。"

施中诚说完，便开始处理这件棘手的事儿了。他坐到书桌前，提笔写了两封信，想来一份是写给陈参谋长，一份是写给蓝衣社的。

"兰妹，你可要记住了，咱们这可是君子协议，决不能食言。我今天给你打了圆场，你今后可不要再做连累家人的事了。"施中诚一边说，一边拿出一个封好的小包，吩咐随身卫兵将小包连同两封信立即送到上海去。

领了命的卫兵不敢耽搁，即刻启程。这时，沉默许久的施剑翘终于开了口："这请你放心好了，我绝不会再连累你。这所房子是你为娘买的，我现在带着两个孩子离开这儿，过些天再来接娘。从今以后，我即使做出了天大的事，你也用不着过问，你可以向外界声明，咱们之间根本没有亲属关系。"

施剑翘的这席话可吓坏了施中诚，他原本只是想好好地教育教育妹妹，不要被牵扯进政治旋涡，这也是出于对妹妹的爱护。怎料到，这施剑翘性子实在烈得很，受不得半点委屈。自觉理亏的施中诚唤来家中的长辈兄弟，大家都一起劝慰施剑翘，连她的母亲都不忍心暗暗抽泣。

面对施家一众人，施剑翘依然没有做出半点让步，非要带着两个儿子回苏州不可。她对这双儿子给予了重望，大儿子金刃和小儿子羽尧是她的命根子，单看两人的名字即是化用"剑翘"二字，怎么可能独自留他们在南京呢？

说到底，施剑翘也不是和堂兄置气，她确实是想把儿子们带回苏州过过苦日子，多接触外面的世界。施家虽非大富大贵之家，但在南京地界也是名门望族，两个孩子年纪尚小，就过惯饭来张口、衣来伸手的日子，实在难有大长进。如此娇生惯养，将来怎么能为国家做事呢？

于是，施剑翘索性心一横，就带着两个儿子往苏州去了。经过一整天的舟车劳顿，金刃和羽尧随着妈妈来到了陌生的地方，不过好在他们来不及细想，就被眼前的一切新奇吸引了。晚霞的光辉涂抹在"从云小学"的校牌上，闪光生色，分外动人，偌大的校园不似大城市里的繁华喧闹，却别有一番风情。比两个小家伙的兴奋更为自然是施剑翘，回到了离别近三个月的学校，看着自己亲手栽的一草一木，施剑翘感到分外亲切。

她一手挽着一个儿子，低声嘱咐道："这就是你们的新学校了，也是妈妈的另一个家。以后你们兄弟俩在学校里要听老师的话，好好读书，吃饭也要和大伙儿一起吃大灶，不能搞半点特殊。"

听着妈妈语重心长的交代，金刃和羽尧好奇地瞅着写有四叔公名字的校牌，连连点头。施剑翘欣慰地拍拍两个儿子的小脑袋，继续领着他们穿过操场，往教职工宿舍走去。远远看到施校长把儿子领过来了，老师们都热情地迎了上来，帮着这娘儿仨拿东西、找铺板。

终于，经过一番折腾，两个小家伙总算安顿下来了，面对全新的环境，两个小家伙总是瞪着圆滚滚的眼睛观察着周围的一切。好在学校里的老师们都很照顾他们，一起上课的同学不似以前学校里的好伙伴那么熟稔，倒也和和气气，对他们这两个城里来的同学既好奇，又拘束，很是好玩。

看着金刃和羽尧很快地融入苏州的生活，施剑翘的一桩心事总算落地了。不过，还有另一桩要紧的事她怎么都不能忘。

"诸位先生，十分惭愧，大家的生活这么清苦，我施剑翘身为校长，惭愧汗颜得很……"

一天，施剑翘将学校里的老师们召集到一起，满怀歉意地向所有老师深深地鞠了一躬。

此情此景，如何不令人感怀呢？

老师们赶紧扶了一把施校长，直道："不辛苦！不辛苦！"

看着大家面露青黄色的笑脸，施剑翘只觉得一阵揪心似的疼痛。讲起工作来，这些人都是没话说的，一个个都是如此积极、认真、负责，但是他们是在多么艰苦的条件下进行工作啊！月薪十元金圆券，仅够老师自己一个人的三餐费用，而在物价飞涨的现实社会里，他们还要赡养父母、子女。大家只是出于一种强烈的社会责任感，才坚持在从云小学的教学岗位上。然而，作为校长，却不能不为这一切感到内疚。回头看看自己从上海带回的提包，这次募捐来的钱虽说不算太少，但和学校目前的需要相比，仍有相当大的差距。

这几天来，施剑翘一直在思考这个问题。为了维持和发展学校的事业，她决定再去北平一趟，向社会各界募捐。这一趟，是一定要走的。可这一趟必定要走得十分艰难……

得知施校长的决定，老师们也非常不舍，大家围住施剑翘一言一语道:"您刚回来又要走,这怎么行?总得歇息歇息啊!""是啊是啊,金刃和羽尧还小,刚到这里也不适应,您这么一走,他们肯定很难过的。"

"谢谢诸位的好意,我决心已下,请不要再劝说了。"

施剑翘坚决要做的事,恐怕是没有人能劝阻得了的。不出一个星期,她便登上了列车,一路向着北平,犹如一匹永远向前的奔马……

尘埃落定，最后的心愿

茫茫大北平，要去哪里筹措一大笔钱呢？

北上的列车渐行渐远，施剑翘的脑海里闪现出一个个忠厚仁爱之士的头像。如今的她就像是无头苍蝇一般，急急赶赶地上路，却又不知路在何方？

当列车缓缓地驶向站台，施剑翘将压在心头的一口气吐了出来。她似乎是下定了一个天下的决心，笃定地迈出车门，朝着心里指引的方向走去。刚到北平的这个午后，风雨交加，不过已经没有什么可以阻止施剑翘前行的步伐了。

于是，一路风尘仆仆、衣衫尽湿的施剑翘出现在北平东受禄街十六号门前。她抹了把额前的汗水，仔细察看过门牌号，刚要抬手按门铃，又忽然停下了。此时她忽然看见了门楣上贴着的纸条，上面写着："本人患病，恕不会客。"

这言简意赅的八个字，着实把施剑翘吓出了一身冷汗，她把希望全寄托在这儿了，竟也没想到是这个结果。

说起来，这门内住的可不是等闲之辈，竟是响当当的国画大师徐悲鸿先生。徐悲鸿的画作和人品有口皆碑，如果能请他出面帮忙，那这募捐的事儿就有戏了。可这门楣上的字……

油布伞挡不住被风吹斜了的雨丝，旗袍下半身已全然湿透了。施剑翘在雨中徘徊了许久，并没有准备离去的意思，她紧盯着这扇紧闭的大门，时间一分一秒地过去了，总不能白来一次，于是她终于狠了狠心，再次伸出手臂叩响了这扇大门。

"吱呀"一声，门开了一道缝儿，露出一张俊俏、文静的面孔，那双眼睛里却闪烁着两道警觉的目光。

"您是徐悲鸿的夫人吧？我叫施剑翘，从苏州过来拜访……"施剑翘小心翼翼地自我介绍道，话还没说完，就看到门内的人换上了一副笑脸。

"啊，原来是施大姐啊！雨这么大，赶紧进屋歇歇。"门内的女士立刻把门打开，那目光也马上变得温和起来，她热络地牵着施剑翘的手一直往里屋走。想来，这位便是徐悲鸿的夫人廖静文了。

"悲鸿，快来见见贵客！"廖静文一边走一边兴奋地喊道。

这一喊，惊动了在北屋看书的徐悲鸿。他站起身来，隔着玻璃窗看到妻子亲昵地扶着一位陌生女子，而且这位陌上女子全身湿透，看不出半点脸熟的样子，不禁感到愕然，于是赶紧放下手中的书本，朝着外屋走去。

也难怪徐悲鸿如此大的反映。要知道，此时此刻，内战已经爆发两年多了，那些国民党要员们大概自知"党运"不济，都匆匆忙忙地为自己找后路，于是，到徐宅求字、索画的人排成了长队，门铃一天得响上几十次。徐悲鸿对此特别厌烦，这伙脑满肠肥的家伙，平日里鱼肉百姓，早已家财万贯，而今又企图利用自己的书画换取钱财，长期过那种花天酒地的糜烂生活。作为一个正直的艺术家，如若答应这种人的要求，无异于为虎作伥！

　　细思极恐，不知今天找上门来的何方神圣？徐悲鸿正暗自捉摸，只见妻子带着一位浑身滴着水珠儿的白胖女子，笑容可掬地站在他面前。

　　徐悲鸿还未来得及发问，廖静文就便兴冲冲地说："这位是施剑翘姐姐，就是杀死孙传芳的那位施女侠。抗日战争期间，我在长沙读中学，还是个童子军，守卫过献金台。那时施姐姐是抗战后援总会慰劳组主任，我们几个女伴在一起议论过您的报仇经历，真是钦佩极了！"

　　施剑翘被这一席话弄得有点儿不好意思，不过却也拉近了两人之间的距离，顿时忘了这是初次到人家里拜访。瞧着眼前这位风度翩翩的先生，便知这是大名鼎鼎的徐悲鸿，又突然想到徐宅门楣上的告示，开口便问："哎哟，徐先生，您的身体……"

　　徐悲鸿夫妇先是一愣，突然又明白了怎么一回事，于是哈哈大笑，连忙便将个中曲直告诉了施剑翘。原来，为了推掉那些索画、求字的达官贵人递来的名片和礼单，徐悲鸿索性在门上贴出"告示"，借此闭门谢客。而廖静文的态度更加坚决，尽管家中入不敷出，难于抵挡物价增长的速度，但是她宁愿数着铜板过日子，也不许那些人进门。所以，如此说来，今天施剑翘能顺利走进徐家大门倒是有几分缘分。

　　看着如此关心自己健康的施剑翘，徐悲鸿赶忙催促夫人："别说我了，还是先带施大姐把湿衣服换下来，我去熬点姜茶，千万别让冷雨淋坏了身子。"

　　不一会儿，施剑翘便换上了一件徐夫人的旗袍，若有所思地喝着徐悲鸿亲手泡的姜茶。原来,刚才换衣服的时候,施剑翘从廖静文口中得知,徐悲鸿之所以在门上贴出告示,不仅仅是为对付那些显贵们,他的身体也确实有恙,才不得不断绝和外界的交往。在这种情势之下,她还要向徐悲鸿求画,实在有点开不了口。

"来找我的人大多是'无事不登三宝殿',可要想通过静文这个'门官'也不容易。施大姐今天运气好,有什么吩咐你就说吧!"知道施剑翘此番上门肯定是有事相求,徐悲鸿开门见山地说,"要一幅画作个纪念?"

"不,不是要一幅画,"施剑翘鼓起勇气,特地加重了"一"字的分量,"我想要许许多多的画,跟您说吧,最好是在北平的各位画家都给我作些画,我准备办个画展。"

全北平名家的画作?

好一个"狮子大开口"啊!

徐悲鸿愣住了几秒钟,迟疑地问:"你是打算出钱买画?"

施剑翘从椅子上站起身来,严肃地向徐悲鸿深深地鞠了一躬,用真诚的眼神望着他说:"我没有钱,所以我才来找您求字画,我要卖画换钱。"

此言一出,徐悲鸿夫妇两人噤若寒蝉。他们不知接待过多少求索字画的朋友,但从没见过有施剑翘这种求法的,坦坦荡荡到不可思议,想必这其中另外一番内情。

"施大姐,你要这么多钱……"

看到徐悲鸿询问的目光,施剑翘轻轻地叹了口气,调动起自己的全部回忆,叙说起创办从云小学的详细经过。她生动而有特色的语言犹如叮咚作响的纯净泉流,在徐悲鸿夫妇心中激起了欢快的浪花。

"徐先生，我知道您身体不好，家境也不宽裕，是您的正直和善良促使我来求助于您的。从云小学的学生，都是劳苦人家的子弟。我们的老师和义务授课差不多，每个月只有十元金圆券的工资。近来，通货膨胀、纸币贬值，学校的日子更加艰难了。可是，我们都不忍心看这所学校垮掉，个中原因，我想您一定可以理解的……"情到深处，施剑翘情绪有些激动，所以略有哽咽。

廖静文看到施剑翘如此这般情绪激动，便走到她身边，轻轻地挽着她的双手安慰着。另一边，徐悲鸿陷入沉思，他此刻的心情既意外又酸楚。

意外的是，眼前的这一介女流，竟然有超凡脱俗的坦荡。徐悲鸿不禁想起了自己的一生，因为过于善良，不知不觉染上了轻信的毛病。为此，他上过不少当。这也难怪，那些人的嘴上功夫实在太高明了，尤其是在请他提笔作画的时候。所以，在听到有人前来求画时，他总要认真思虑一番，从不轻易首肯。可是这位施大姐却如此袒露自己的心境，不加任何掩饰，像是一池清澈见底的碧水，实在使他太感到意外了。

可是这番话到最后，也让徐悲鸿品出了酸楚的滋味。他自己也是亲身尝过失学痛苦的人啊，怎么会不理解教育者的仁爱之心和求学者的勤勉奋进呢？千金易得，知音难求啊！为了使出身贫寒的年轻画家得到深造的机会，他也不止一次地伸出援助之手。

思来想去，徐悲鸿决定答应，他郑重地点了点头，算是对施剑翘的应允，"这样吧，咱们约定个日子，我在家里请一次客，把在北平相交较好的画友们都邀请过来，让他们为从云小学作画。笔墨纸张我来负责准备，画出的作品全都捐赠给从云小学，如何？"

听到这里，施剑翘再也忍不住了，晶莹的泪珠跌出泛红的眼眶，还能说什么呢？徐悲鸿良善的胸怀着实令人感动，此刻大概连感激的话都显得不合时宜，因为这其中的深情厚谊和良苦用心已经不能用言语表达了。

经过商议，捐画的日子定在一周之后，施剑翘打算利用这几天走亲访友，再想想其他办法。可是第四天中午，一封从南京飞来的电报，打乱了她的计划。

猝不及防的别离

得到了徐悲鸿夫妇的帮助,施剑翘心生安慰。却没想到这时收到紧急电报,她缓缓打开。赫然见到电报上只有五个字:"母病危,速归。"

那一瞬间,她的大脑一片空白,身体摇摇晃晃不能站稳。亲情的终点注定是离别,但她却没想到来得这样快。

一收到电报,施剑翘急匆匆地奔向火车站,在售票窗口长队的末端,她万分焦急地望着似乎无穷无尽的买票队伍,恨不得即刻登上南行的列车,以风驰电掣的速度飞向南京。

她心底隐约地知道,这是和母亲见面的最后机会了吧。母亲患的是高血压,在合川曾经发过病,七年前就已经中风偏瘫,幸亏名医诊治,儿女陪护周到,才勉强能下地行走。医生曾再三叮嘱,以老人家的体质,若是再度犯病,命可能就保不住了。此前北上途经南京看望母亲时,老太太就埋怨她带走了外孙,当时她一再劝慰母亲,答应学校放假就送两个儿子来南京。施剑翘清楚地记得,当时母亲凄凉地说了句:"到那时候,我或许就看不见了。"

记忆如潮水般涌入施剑翘的脑海,这一刻,她忍不住了,独自站立在人潮中，潸然泪下，全然不顾周遭来来往往的好奇目光。那是爱她、疼她到极致的母亲啊，如若最后这一面都见不着，如何对得起老母亲几十年对自己的养育和抚爱啊？

接受传统教育的施剑翘心里，"孝"字是非常重要的。也因为这样，她可以克服重重困难，在十年筹谋之后，为父亲报了血海深仇。而想到操劳一辈子的母亲，她也真心感到心疼。这么多年，她为了女儿担惊受怕，煞费苦心。无论何时，有母亲的地方，就仿佛有一种温暖的归属。

都说亲情是注定走向离别的一种爱，可她的心，仍是满满的不舍。她不想离开母亲，只想静静地陪伴她。

"您买哪趟车的票？到哪儿？"

眼前就是售票窗口，该轮到自己买票了。然而，她的手却伸不出了。是啊，买哪趟车的车票呢？即使马上登车，再过三天也无法赶回去了。而那边徐悲鸿先生已经发出了请帖，到时候北平的名家们都会如约而至，而自己这个"始作俑者"却不在，人家会作何感想？

"我……我不买了……"施剑翘扔下这句话后，便低着头跑出了车站，一路飞奔到借住的表嫂家，关上房门，失声痛哭。

三天过后，上午九点钟刚到，东受禄街十六号院子里忽然热闹起来，平日紧闭着的街门豁然敞开，庭院里摆好茶桌，徐悲鸿先生邀请的八位画家围桌而坐，听他讲述合作捐画的因由。在座的画家们听了也十分感慨，再加之施剑翘名声在外，大家对这位手刃孙传芳的女中豪杰很是敬仰。

大家正相谈甚欢之际，门铃响了。在厨房里忙活不停的廖静文听到动静,连忙擦擦手出门迎接。可到了门口,她却不由自主地呆住了。施大姐今天是怎么了?身穿青色旗袍,臂缠黑纱,乌黑的鬓发边髻着一朵白绒花,再看她的面容,神情憔悴,双目无光,眼皮红肿着,眼角似乎增添了几道鱼尾纹。

在一片沉寂中,施剑翘缓步走进庭院,看到围坐一堂的画家朋友们,施剑翘强忍着泪水说道:"不好意思来晚了,刚才收到舍弟的电报,家母不幸在南京病故了……"

廖静文轻轻地拍了拍施剑翘的肩膀,施剑翘感怀地摇摇头,对在座的画家朋友道谢:"感谢大家百忙之中抽空前来,我代表从云小学的师生,并以先四叔从云公的名义,谢谢大家!"

坐在画案前的叶浅予先生当即拿过纸笔,唰唰几笔,勾勒出此刻施剑翘的画像。其他画家们抢着和施剑翘握手,请她放心,一定在最短时间内,为从云小学献出高水平的画作来。

果然,当到了约定时间,一幅幅形神俱佳的精品,被送到了徐悲鸿先生的手上。施剑翘将这些珍贵的礼品一一摆在箱子里,刚要上锁,徐悲鸿又拿来一个圆月形折叠画册和一幅卷轴,特地单独送给施剑翘留作纪念的。画册的首页,徐悲鸿亲笔题写了隐含施剑翘名字的诗句:"岂有蛟龙愁其水,只借胡剑向青天"。

满怀感激的施剑翘告别了徐悲鸿夫妇,便赶回了苏州,却被迎头泼了一盆凉水。所有人都知道施剑翘从北平带回了一批上乘之作,但是在从云小学举办的画展,参观者寥若晨星,出钱购画者更是少得可怜。如今政局动荡不安,人心惶惶,谁还有心思买画呢?而且最近一个时期,败退如潮水的国民党军队,在苏州横冲直撞,占驻学校,从云小学也受到很大干扰,无法维持正常的教学秩序。就在这节骨眼上，校务主任孔令宗因吐血而请长假，施剑翘便失去了重要的帮手。支持自己办学的几位老先生，董必武已经撤回延安，冯玉祥正在美国考察水利，陶行知去年因脑溢血辞世……如此孤立无援，令施剑翘陷入了前所未有的空虚之中。

得知施剑翘和从云小学的窘境，故交史良女士便建议她去见见兼任战灾儿童义养会"主席"的宋庆龄女士。经史良牵线搭桥，施剑翘到上海拜会了宋庆龄。在详细地询问了从云小学的创办经过后，宋庆龄当即同意从"战灾儿童义养会"的基金中，按月拨款，对从云小学进行资助。

紧接着，施剑翘又凭借自己的社会关系，从苏州城防指挥部批来了一道盖着关防大印的命令"学校重地，禁止驻军"，挂在学校的二门上。

如此一来，最棘手的经费问题和驻军问题得到了解决，史良女士推荐的新教务主任金祺也到任了，学校教学秩序终于恢复了。

说起这位新来的教务主任，一点儿都不简单。原来，金祺本名若年，原在昆明工作，是民盟的一个积极分子。他这次来从云学校担任教务主任，不仅仅是为了恢复学校的教学工作，更重要的是民盟华东执行部对他另有指示。随着金祺的到来，苏州的民盟盟员们被组织起来了，他们把从云小学作为活动据点，秘密收听新华社的广播，印发地下刊物，在苏州城里造成了不小的影响。

对于金祺的这些活动，施剑翘也尽可能予以协助。1949年初，人民解放军百万雄师渡江之战在即。金祺接到上级指示，配合地下党在苏州城内设置电台，最佳设置地点便是在从云小学内。

因为此事非同小可，危险性大，金祺与施剑翘进行了秘密谈话。刚一了解事情的来龙去脉，施剑翘便立即应允，并承诺愿以生命担保电台安全。

1949年4月23日，中国人民解放军挺进苏州古城。施剑翘在地下电台义务警戒三个多月的日子终于结束了。当然，国家也没有忘记她的付出，她被遴选为苏州市人民代表和市妇女联合会副主席。

从云小学获得了新生，董必武同志亲笔写信给施剑翘，介绍她去见上海市市长陈毅，协商安排学校的事务。随后，苏州市人民政府接受了施剑翘的请求，将从云小学收为国有，并举行了隆重的移交仪式。

从此，44岁的施剑翘犹如获得新生的中国一般，开始了全新的生活。历经百转千回之后，施剑翘放下了肩负的国仇家恨，终于踏上了洒满阳光的正义之路。

请撕下"报仇"的标签

施剑翘的一生,早已不再只有报仇。

她的名字,曾经因为那场振聋发聩的枪杀而为众人所记住。而其实她的人生,在枪响的瞬间,其实已经翻开了新的篇章。

当年的事件引发举国哗然,相关新闻报道持续了一年之久。人们惊诧于施剑翘以一个弱女子的身份,居然敢于做出这样的筹谋。一封《告国人书》,满载着女儿对父亲的思念与情谊,让读到的人为之动容。

公众的同情形成了巨大的力量,起到了前所未有的批判作用。除了冯玉祥的参与,其实这样的舆情也影响了法律程序。在后来的很长一段时间里,这桩案件都作为一种社会学范本,为很多学者研究、争议着。

施剑翘当然也知晓这一切。只是身在故事当中,她无奈身不由己。她也曾想过那些尘嚣之上的言论,在夜晚时静静思索。但人生假如重来一遍,她仍旧会选择现在的做法。

人们总是习惯于将她的名字和"报仇女侠"四个字捆绑在一起。而其实她在出狱的那一刻,就在刻意与那一段人生告别。

她做了很多努力,想要撕掉"报仇"的标签。她曾经感到无力,因为一切似乎都是微不足道的。时光渐远，心态也渐渐释然，改变不了的，就随它而去。毕竟她亲手撕下的，是自己心里的符咒。

时代的巨轮滚滚向前，曾经那颗报仇儿女心，早已变成了革命赤子心，等待着中国共产党的每一次前进与飞越。1945年，日本战败投降，施剑翘由衷地感到欣慰，她长长地舒出一口气，好像心灵就此安定了下来。

1949年，她送两个孩子先后加入了中国人民解放军，延续她的精神火种。此时，因为常年劳累，到处奔波，她的健康状况已经不容乐观。

思前想后，她深深知道自己身体每况愈下，于是将一手创办的"从云小学"移交给人民政府，自己则选择治疗休养。后来她在北京协和医院进行了检查后，被确诊为子宫癌。

癌症的痛苦，让她身心受尽折磨。治疗过程也是一个磨炼心性，令人难耐的过程。做了癌症切除手术后，她只身去了五台山，静静安养。她不知道自己的生命之路还有多长，只想寻求灵魂的安放。

1955年，施剑翘接到消息，在"肃反运动"中，两个孩子受到了审查。因为她没有单位，所以做不了组织证明，于是连忙找出纸笔，写下"个人经历万言书"，托人转交到中央，直至毛主席手中。

几个月后，毛主席特意派了统战部徐华同志去看望施剑翘，她说："您的事情主席都是知道的，特地让我来看看您，希望您早日恢复健康。"

主席能够派人来看望她，她才放心下来。后来，施剑翘被增补为北京政协特邀委员，可以享受每个月一百二十元钱的生活费。这在当时来说，是很不错的待遇。

疾病的侵袭，让施剑翘只得忍受痛苦，缓慢生活，慢慢趟过夕阳时光。1975年，因为脑血管痉挛，她偏瘫了一个多月。这种日子难免让她觉得内心窝火，感觉自己什么也做不了，只能给亲人添麻烦。

孩子们好心安慰，劝她不要这样想，有亲人可以尽孝，就是天下最幸福的事情。何况，这一生经历许多坎坷，疾病一定是可以克服的，一家人只要在一起，就可以渡过这个难关。

此时，邓颖超亲自作出安排，让市政府给施剑翘找了一套新的住房，里面有暖气和煤气，可以更方便施剑翘的休养，并把施剑翘的孙女从黑龙江调到北京，起码能够照顾她的生活起居。

1979年8月，施剑翘被诊断为肠梗阻，切片检查有癌细胞，医院还因此下了病危报告。作为留美的妇产科专家，妹妹施纫兰与医生研究了病情，研究后确定进行手术。

在当时的情况下，手术存在相当大的风险，因为施剑翘有心脏病和糖尿病，倘若全麻醉后，容易有危险。但是，当时如果不做手术，却只能等待死神的降临。权衡之下，还是后者有一线生机。

所幸，在院长吴蔚然的亲自主刀下，手术进行得很成功。手术时，吴蔚然发现施剑翘已经是直肠癌晚期，幸亏做得及时，术后，她的状态也慢慢好转起来。

此时，施剑翘的身边只剩羽尧相伴，金刃于一年前在北大荒病逝。手术两个星期之后，施剑翘便开始催促羽尧要回到自己的工作岗位上，她羞愧于自己长久以来白白接受党的照顾，自己却是风烛残年，不能为党尽忠效力。

她说："我这次手术很成功，多亏了你来陪伴和照顾。但是哈尔滨暑假时间很短，学生们都在等着你上课呢，快回去吧。请你不用担心我，外科主任已经说我度过了危险期，我一定会好好养病。你一定要为祖国贡献你的力量，完成我的心愿。"

羽尧满心不舍，但是他也十分清楚母亲的性格，不想让母亲心有焦虑，于是只好点头答应。只是他万万没有想到，那将是他们母子的最后相聚。临行时，母亲拉着他的手，诉说自己还有一个心愿，就是希望有生之年可以看到祖国统一，如果健康情况允许，她甚至愿意继续为这件事尽心尽力。

母亲的爱国之心，让羽尧感到很钦佩。他安慰母亲，一定会有这样一天到来的。他们缓缓松开握紧彼此的手，却不知道，此刻，即是永别。

到了哈尔滨的第二天下午，羽尧接到电报，内容是母亲病逝。这样的消息实在太让人猝不及防，羽尧很难相信。手术不是刚刚结束，而且特别顺利吗？会不会，是哪里有了误会。直到他连夜再次赶到北京，见到侄女哭红的双眼，和臂上的黑纱，才确定了一切竟然是真的，母亲是因为尿毒症导致心肌衰竭，撒手人寰。

北京医院小礼堂，施剑翘的追悼会在肃穆中进行着。很多仁人志士送来花圈和挽联，现场来了很多朋友，大家不发一言，低着头默默哀悼。

这是一个传奇的女人，她有着男人一样的英勇和坚毅。为了父亲，她端起了报仇的枪，为了祖国的未来，她扛起革命的旗帜。前行的每一寸土地都是艰难的,但她迈出的每一个步伐都是坚定的。

她是一位令人心疼的女人。思念父亲的那些漫漫长夜,咬碎牙齿的痛楚,让她丢失了一部分女子该有的柔软。她是一位令人钦佩的女子,因为她的每一个决定和行动,都足以让男子感到汗颜。

敢想敢做,敢爱敢恨。

这便是施剑翘一生的注脚。

后记

　　施剑翘的一生，有血有泪，更像是时代的一柄折光镜。

　　作为军长的女儿，她幼年身居闺阁之中，裹足，习传统文化，如所有温室中的女子一般，徐徐成长。

　　父亲施从滨对女儿百般宠爱，施剑翘对父亲有着一种崇拜与依赖。身为长女，施剑翘少女时代就当家主事。母亲身体欠佳，家里几个孩子围绕膝下，父亲军务在外，所以很多事情施剑翘都

会接触到。或许也是因此,她的处世风格中明显带有男孩性情。

父亲被孙传芳杀害的那一年,她仅有 20 岁。

正值青春之时,却还未开放便已枯萎。头顶的那片乌云,从此久久不散。

一段错爱,遇见,又匆匆告别。口口声声要陪伴她为父报仇的男子,转眼就将誓言忘在脑后。而她的骨子里,始终刻着那个"孝"字,挥之不去,无法割舍。

直至三声枪声响起,她所执着的,她所等待的,已经化为现实。新的人生之幕,终于缓缓开启。

她勤恳办学,创办从云小学,她也曾寻求内心安宁,皈依佛门。苏州城西的灵岩山,是她命定的地方。孙传芳曾经放下屠刀,到此寻求安稳,但无奈被佛门所拒。而最终,成了施剑翘皈依灵魂的归宿。

她很少与孩子谈起报仇往事,只是叮嘱两个儿子,不可以有傲气,但是要有傲骨。孙女说:"奶奶习惯在阳台上放一撮小米,一小杯清水,吸引一些小鸟过来,奶奶就在一旁静静地看着,喝上一口茶。"

想来，那时她的灵魂是安静的。所有爱恨情仇，皆入尘土。

三枪拍案惊奇，永远载入史册。而故事要读完整，这个女子的一生华彩，真的不只是那扣动扳机的一瞬。

图书在版编目（CIP）数据

施剑翘传：民国第一侠女/范黎著.—北京：
中国华侨出版社，2016.11
ISBN 978-7-5113-6479-1

Ⅰ.①施… Ⅱ.①范… Ⅲ.①施剑翘（1905-1973）- 传记
Ⅳ.① K828.5

中国版本图书馆 CIP 数据核字（2016）第 278760 号

施剑翘传：民国第一侠女

著　　者 / 范　黎
责任编辑 / 嘉　嘉
责任校对 / 孙　丽
经　　销 / 新华书店
开　　本 / 670 毫米 × 960 毫米　1/16　印张 /17　字数 /198 千字
印　　刷 / 北京建泰印刷有限公司
版　　次 / 2017 年 1 月第 1 版　2017 年 1 月第 1 次印刷
书　　号 / ISBN 978-7-5113-6479-1
定　　价 / 32.00 元

中国华侨出版社　北京市朝阳区静安里 26 号通成达大厦 3 层　邮编：100028
法律顾问：陈鹰律师事务所
编辑部：（010）64443056　　64443979
发行部：（010）64443051　　传真：（010）64439708
网　址：www.oveaschin.com
E-mail：oveaschin@sina.com